Geschäftsaufsicht
und
Klagveranlassung

§ 12 der Verordnung des Bundesrats über die Geschäftsaufsicht zur Abwendung des Konkurses vom 14. Dezember 1916

von

Dr. iur. Kurt Wittig
Rechtsanwalt und Justitiar
der Allgemeinen Deutschen Credit-Anstalt in Leipzig

Berlin und Leipzig 1921
Vereinigung wissenschaftlicher Verleger
Walter de Gruyter & Co.
vormals G. J. Göschen'sche Verlagshandlung · J. Guttentag, Verlagsbuchhandlung · Georg Reimer · Karl J. Trübner · Veit & Comp.

Leipziger juristische Inauguraldissertation.

Druck von Metzger & Wittig in Leipzig.

Meinem Vater

dem Buchdruckereibesitzer Ottomar Wittig in Leipzig

in Dankbarkeit.

Inhalt.

Literaturverzeichnis.

I. Über die Geschäftsaufsicht.

A. Kommentare, Handausgaben und Erläuterungen.

Bovensiepen, Die Geschäftsaufsicht zur Abwendung des Konkurses, Berlin 1917.

Cahn, Geschäftsaufsicht und Zwangsvergleich, München, Berlin und Leipzig 1917.

Güthe-Schlegelberger, Kriegsbuch Bd. I, Berlin 1915, S. 328 ff.; Bd. II, Berlin 1916, S. 97 ff.; Bd. III, Berlin 1917, S. 108 ff., S. 900 ff.; Bd. IV, Berlin 1917, S. 747 ff.; Bd. V, Berlin 1917, S. 53 ff.; Bd. VI, Berlin 1918, S. 626 ff.; Bd. VII, Berlin 1918, S. 32 ff.

Heß, Die Kriegsgesetze zur Abhilfe wirtschaftlicher Schädigungen, 4. Aufl. 1917.

Klien, Die Geschäftsaufsicht zur Abwendung des Konkurses, Berlin 1917.

Klimmer, Die Geschäftsaufsicht zur Abwendung des Konkurses, München 1917.

Levy, Die Geschäftsaufsicht und der Zwangsvergleich zur Abwendung des Konkurses, 2. Aufl., Berlin 1917.

Sieskind, Prozeßrechtlicher Schutz der Kriegszeit, 2. Aufl., Berlin 1914.

Sintenis, Die finanz- und wirtschaftspolitischen Kriegsgesetze 1914/16, 2. Aufl., Mannheim, Berlin und Leipzig 1916.

Wassermann-Erlanger, Die Kriegsgesetze privatrechtlichen Inhalts, 3. Aufl., München, Berlin und Leipzig 1917.

Weinberg, Die neue Bekanntmachung des Bundesrats über die Geschäftsaufsicht zur Abwendung des Konkurses vom 14. Dezember 1916, Berlin 1917.

Zweigert, Die Bundesratsverordnung über die Geschäftsaufsicht zur Abwendung des Konkurses, Berlin 1917.

B. Abhandlungen, Aufsätze, Dissertationen usw.

Aehnelt, Nochmals die Geschäftsaufsicht. Juristische Wochenschrift 1915, S. 494 ff.

Bendix, Die preußisch-rechtlichen Vorbilder der gerichtlichen Zahlungsfrist und der Geschäftsaufsicht. Juristische Wochenschrift 1914, S. 1000 ff.

— Die rechtliche Stellung der Aufsichtspersonen im Konkursabwendungsverfahren. Leipziger Zeitschrift für Deutsches Recht 1915, S. 189 ff.

— Änderungen in der Geschäftsaufsicht. Leipziger Zeitschrift für Deutsches Recht 1917, S. 153 ff.

Bendix, Der Beginn der Geschäftsaufsicht nach der Bundesratsverordnung vom 14. Dezember 1916. Deutsche Juristen-Zeitung 1917, S. 604ff.

— Die österreichische Ausgleichsordnung vom 10. Dezember 1914. Beiträge zur Erläuterung des Deutschen Rechts, begr. von Gruchot, Bd. 60, S. 220ff.

— Die ungarische Ausgleichsordnung vom 16. November 1915. Beiträge zur Erläuterung des Deutschen Rechts, begr. von Gruchot, Bd. 60, S. 721ff.

Bondi, Das Ausgleichsverfahren (der Zwangsvergleich außerhalb des Konkurses). Juristische Wochenschrift 1916, S. 1075ff.

Bovensiepen, Zivilprozessuale Geltendmachung der Anordnung einer Geschäftsaufsicht zur Abwendung des Konkursverfahrens. Deutsche Juristen-Zeitung 1915, S. 101.

— Gerichtliches Ausgleichungsverfahren außerhalb des Konkurses. Juristische Wochenschrift 1915, S. 1150.

Breit, Der Umfang des Aufsichtsmoratoriums. Juristische Wochenschrift 1915, S. 161ff.

Buhmann, Fragen des Gläubigerschutzes im Konkursabwendungsverfahren. Juristische Wochenschrift 1917, S. 425ff.

Cahn, Die österreichische Ausgleichsordnung — ein schwesterliches Vorbild. Juristische Wochenschrift 1916, S. 697ff., 783ff., 889ff.

Freiesleben, Das österreichische Ausgleichsverfahren. Juristische Wochenschrift 1915, S. 1152.

Gilbert, Die zivilprozessuale Geltendmachung der Anordnung der Geschäftsaufsicht zur Abwendung des Konkursverfahrens. Das Recht 1915, S. 186.

— Sind die §§ 894, 895 ZPO. auf einen unter Geschäftsaufsicht stehenden Schuldner anwendbar? Zentralblatt für freiwillige Gerichtsbarkeit usw. 1915, S. 548.

Goldschmit, Drei Fragen aus der Geschäftsaufsichtsverordnung. Juristische Wochenschrift 1916, S. 1325f.

Hachenburg, Juristische Rundschau. Deutsche Juristenzeitung 1915, S. 170.

— Besprechung von Jaeger „Die Geschäftsaufsicht neuer Ordnung". Leipziger Zeitschrift 1918, S. 69.

Hahn, Beginn der Geschäftsaufsicht. Juristische Wochenschrift 1917, S. 894.

Hallbauer, Die Geschäftsaufsicht. Sächsisches Archiv für Rechtspflege 1914, S. 377ff.

— Die Geschäftsaufsicht im neuen Gewande. Bank-Archiv 1916/17 S. 132ff.

— Die prozessuale Tätigkeit der Aufsichtsperson bei der Geschäftsaufsicht. Leipziger Zeitschrift für Deutsches Recht 1917, S. 115.

— Die prozessuale Bedeutung der Geschäftsaufsicht nach Maßgabe der Bekanntmachung des Bundesrats vom 14. Dezember 1916. Das Recht 1917, Sp. 104ff.

v. Harder, Eine wichtige Kostenfrage aus dem Gebiete der Geschäftsaufsicht. Juristische Wochenschrift 1915, S. 1052.

Heilberg, Bekanntmachung betreffend die Anordnung einer Geschäftsaufsicht zur Abwendung des Konkursverfahrens vom 8. August 1914. Juristische Wochenschrift 1915, S. 851ff., 1084ff., 1304f., 1503ff.; 1916, S. 220, 1223f.

Henschel, Geschäftsaufsicht und Zwangsvergleich im Kriege. Deutsche Juristen-Zeitung 1917, S. 191 ff.

Heyn, Rechtsstellung der Gläubiger bei der Geschäftsaufsicht. Zeitschrift für das gesamte Aktienwesen 1915, S. 86.

Hörle, Die Voraussetzungen der Anordnung der Geschäftsaufsicht im Lichte der Praxis. Das Recht 1915, Sp 221 ff.

Iwand, Wann „beginnt" die Geschäftsaufsicht? Deutsche Juristen-Zeitung 1916, S. 888.

Jaeger, „Die Ordnung der Geschäftsaufsicht" in der Einleitung von Klien, Die Geschäftsaufsicht zur Abwendung des Konkurses. Berlin 1917, S. 15 ff.

— Die Geschäftsaufsicht neuer Ordnung. Erweiterter Sonderabdruck aus der Juristischen Wochenschrift 1917 (S. 66 ff., 134 ff., 189 ff., 261 ff., 326 ff., 436 ff. u. 507 ff.). Berlin 1917. — Zit. „GA."

— Kriegsnot und Konkurs. Bank-Archiv 1914, S. 31 ff.

— Neue Bearbeitungen der Aufsichtsverordnung. Juristische Wochenschrift 1917, S. 915 ff.

— Beginn der Geschäftsaufsicht. Juristische Wochenschrift 1917, S. 635, 894 f.

— Die Berliner Ältesten zur Aufsichtsverordnung. Leipziger Zeitschrift für Deutsches Recht 1917, S. 580 ff.

— Aus der Praxis der Aufsichtsverordnung Leipziger Zeitschrift für Deutsches Recht 1918, S. 16 ff., 417 ff. u. 1919, S. 977 ff., 1048 ff.

— Besprechung von Bovensiepen „Die Geschäftsaufsicht zur Abwendung des Konkurses", Berlin 1917. Zeitschrift für Deutschen Zivilprozeß usw., begr. von Busch, Bd. 47 S. 173 ff.

— Keime künftiger Rechtsentwicklung im Kriegskonkursrechte. Zeitschrift für Deutschen Zivilprozeß usw, begr. von Busch, Bd. 48 S. 139 ff.

— Der Treuhandzwangsvergleich. Juristische Wochenschrift 1918, S. 287 ff.

— Die österreichische Ausgleichsordnung Leipziger Zeitschrift für Deutsches Recht 1916, S. 105 ff

— Die ungarische Ausgleichsordnung. Juristische Wochenschrift 1916, S. 701 ff., 786 ff.

Kallir, Der Zwangsvergleich in der Geschäftsaufsicht. Beiträge zur Erläuterung des Deutschen Rechts, Bd. 61 S. 353 ff.

Kipp, Gläubiger und Schuldner im Kriege. Deutsche Juristen-Zeitung 1914, S. 1024 ff.

Klien, Wichtige Kostenfragen aus dem Gebiete der Geschäftsaufsicht. Juristische Wochenschrift 1915, S. 769 f.

Klug, Die Geschäftsaufsicht zur Abwendung des Konkurses. Diss. Breslau 1919.

Kohler, Geschäftsaufsicht und freier Zwangsvergleich in Deutschland. Zeitschrift für das gesamte Handelsrecht und Konkursrecht, begr. von Goldschmidt, Bd. 80 S. 472 ff.

Kretzschmar, Verordnung über die Geschäftsaufsicht zur Abwendung des Konkurses vom 14. Dezember 1916. Sächsisches Archiv für Rechtspflege 1917, S. 41 ff.

Levis, Wirkungskreis der Aufsichtsperson und des Gerichts. Das Recht 1915, Sp. 238.

Levis, Aus dem Rechte des Zwangsvergleichs zur Abwendung des Konkurses. Leipziger Zeitschrift für Deutsches Recht 1919, Sp. 86ff., 136ff., 182ff.

Mendel, Die Prozeßkostengefahr bei der Geschäftsaufsicht. Deutsche Juristen-Zeitung 1915, S. 515.

Michels, Aus der Praxis der Geschäftsaufsicht zur Abwendung des Konkurses. Das Recht 1915, Sp. 6ff.

— Die Geschäftsaufsicht zur Abwendung des Konkurses nebst dem Zwangsvergleiche. Das Recht 1917, Sp. 20ff., 67ff.

Oertmann, Keime künftiger Rechtsentwicklung im privaten Kriegsnotrecht. Recht und Wirtschaft 1917, S. 229.

Peschke, Prozeßkosten und Geschäftsaufsicht. Monatsschrift für Handelsrecht und Bankwesen, begr. von Holdheim, 1915, S. 229ff.

v. Rechfelden, Besprechung von Jaeger „Die Geschäftsaufsicht neuer Ordnung". Juristische Wochenschrift 1917, S. 833ff.

Schourp, Der Zwangsvergleich zur Verhütung des Konkurses. Diss. Leipzig 1916.

Stein, Die prozeßrechtlichen Kriegsgesetze und das künftige Friedensrecht. Leipziger Zeitschrift für Deutsches Recht 1915, Sp. 249ff

Weill, Die Geschäftsaufsicht zur Abwendung des Konkurses (in engerem Sinne) nach der Bekanntmachung des Bundesrats vom 14. Dezember 1916. Diss. Freiburg 1918.

Werner, Geschäftsaufsicht und Zwangsvergleich außerhalb des Konkurses. Leipziger Zeitschrift für Deutsches Recht 1917, Sp. 232ff.

Wertheimer, Die Geschäftsaufsicht. Juristische Wochenschrift 1915, S. 174ff.

— Besprechung von Levy „Die Geschäftsaufsicht und der Zwangsvergleich zur Abwendung des Konkurses, 1. Aufl. Berlin 1915. Juristische Wochenschrift 1915, A. 1278f.

Zieger, Ist während der Dauer der Geschäftsaufsicht die Eintragung einer Vormerkung auf Grund einer einstweiligen Verfügung zugunsten eines vom Geschäftsaufsichtsverfahren betroffenen Gläubigers zulässig? Leipziger Zeitschrift für Deutsches Recht 1915, Sp. 420.

II. Sonstige Literatur.

A. Kommentare.

Freudenthal, Zivilprozeßordnung, 3. Aufl. München 1910.

Jaeger, Kommentar zur Konkursordnung, Bd. I 5. Aufl. Berlin 1916, Bd. II 5. Aufl. Berlin 1914.

Oertmann, Recht der Schuldverhältnisse, 3./4. Aufl. Berlin 1910.

Planck, Kommentar zum Bürgerlichen Gesetzbuch, 4. Aufl. Berlin und Leipzig 1913ff.

Stein, Die Zivilprozeßordnung für das Deutsche Reich, 11 Aufl. Tübingen 1913.

Struckmann-Koch, Die Zivilprozeßordnung für das Deutsche Reich, 9. Aufl. Berlin 1910.

Sydow-Busch, Zivilprozeßordnung, 16 Aufl. Berlin 1920.

Wolff, Die Konkursordnung, 2. Aufl. Berlin und Leipzig 1921.

B. Systematische Darstellungen, Abhandlungen, Dissertationen.

Bley, Die Feststellung des Konkursgläubigerrechts. Diss. Leipzig 1914.

Du Chesne, Berechtigtes und rechtliches Interesse. Beiträge zur Erläuterung des Deutschen Rechts, begr. von Gruchot, Bd 51 S. 509ff.

Eccius, Besprechung der Konkursordnung von Sarwey-Bossert, Beiträge zur Erläuterung des Deutschen Rechts, begr. von Gruchot, Bd. 44 S. 774ff.

Fischer, Lehrbuch des Zivilprozeß- und Konkursrechts, Breslau 1918.

Görres, Die Haftung für den Ersatz von Kosten und Schäden. Zeitschrift für Deutschen Zivilprozeß usw., begr. von Busch, Bd. 35 S. 313ff.

Hellwig, Anspruch und Klagrecht, Jena 1900.

Kohler, Der Prozeß als Rechtsverhältnis. Mannheim 1888.

Langheineken, Urteilsanspruch Leipzig 1899.

— Anspruch und Einrede. Leipzig 1903.

Schmidt, Lehrbuch des Deutschen Zivilprozeßrechts, 2. Aufl. Leipzig 1910.

Stein, Die Voraussetzungen des Rechtsschutzes, in der Festschrift für Fitting, Halle 1903.

Thiesing, Ist § 93 ZPO. im Verfahren auf Vollstreckbarkeitserklärung eines Schiedsspruchs anwendbar? Juristische Wochenschrift 1908, S. 441.

Voigt, Der Einfluß des Konkurses auf die schwebenden Prozesse des Gemeinschuldners. Diss. Leipzig 1903.

Weismann, Lehrbuch des deutschen Zivilprozeßrechtes, Bd. I 1903, Bd. II 1905. Stuttgart.

Wach, Handbuch des Deutschen Civilprozeßrechts. Bd I Leipzig 1885.

— Der Rechtsschutzanspruch. Zeitschrift für Deutschen Zivilprozeß usw., begr. von Busch, Bd. 32 S. 1ff.

III. Zeitschriften und Entscheidungs-Sammlungen.

Bank-Archiv. Zeitschrift für Bank- und Börsenwesen.

Beiträge zur Erläuterung des Deutschen Rechts. Begr. von Gruchot.

Das Recht. Rundschau für den deutschen Juristenstand.

Deutsche Juristen-Zeitung.

Die Rechtsprechung der Oberlandesgerichte auf dem Gebiete des Zivilrechts. Herausg. von Mugdan u Falkmann.

Entscheidungen des Reichsgerichts in Zivilsachen.

Juristische Wochenschrift. Herausg vom Deutschen Anwaltverein.

Leipziger Zeitschrift für Deutsches Recht. Gegründet von Düringer, Jaeger und Könige.

Monatsschrift für Handelsrecht und Bankwesen. Begründet von Holdheim.

Sächsisches Archiv für Rechtspflege Herausg. von Degen und Warneyer.

Seufferts Archiv für Entscheidungen der obersten Gerichte.

Zeitschrift für das gesamte Aktienwesen. Herausg. von Dr. Justus Ischenhäuser, Berlin.

Zeitschrift für das gesamte Handelsrecht und Konkursrecht. Begr. von Goldschmidt.

Zeitschrift für Deutschen Zivilprozeß und das Verfahren in Angelegenheiten der Freiwilligen Gerichtsbarkeit. Begründet von Busch.

Zitiert ist mit den üblichen Abkürzungen, entsprechend den Vorschlägen des Deutschen Juristentags.

Ohne Zusatz zitierte Paragraphen sind Paragraphen der Verordnung des Bundesrats über die Geschäftsaufsicht zur Abwendung des Konkurses vom 14. Dezember 1916.

Die mehrfach zitierte amtliche Begründung zu dem Entwurfe einer Verordnung über die Geschäftsaufsicht zur Abwendung des Konkurses ist abgedruckt:

Reichsanzeiger Nr. 298 vom 19. Dezember 1916 (erste und zweite Beilage).

Güthe-Schlegelberger, Kriegsbuch Bd. III, S. 900 ff.

Zweigert, Die Bundesratsverordnung über die Geschäftsaufsicht zur Abwendung des Konkurses vom 14. Dezember 1916, S. 124 ff.

§ 1.

Einleitung.

I. Allgemeines.

Die bei Ausbruch des Weltkrieges auf Grund des § 3 des Gesetzes über die Ermächtigung des Bundesrats zu wirtschaftlichen Maßnahmen usw. vom 4. August 1914 (RGBl. S. 327) erlassene Verordnung betr. die Anordnung einer Geschäftsaufsicht zur Abwendung des Konkursverfahrens vom 8. August 1914 (RGBl. S. 363) wurde abgelöst durch die Verordnung des Bundesrats über die Geschäftsaufsicht zur Abwendung des Konkurses vom 14. Dezember 1916 (RGBl. S. 1363).[1]

Die Bundesratsverordnung vom 8. 8. 1914 sollte in Verbindung mit der Bundesratsverordnung vom 7. 8. 1914 über die gerichtliche Bewilligung von Zahlungsfristen ein allgemeines gesetzliches Moratorium ersetzen und dazu dienen, den wirtschaftlich schwächeren Kreisen in der Kriegszeit Hilfe zu bringen.[2] Die Bundesratsverordnung über die Geschäftsaufsicht hatte indessen eine weit über diesen Zweck hinausgehende Bedeutung.[3] Es brach sich endlich unter dem Druck der Verhältnisse die Erkenntnis Bahn, daß es zweckmäßiger sei, den Konkurs

[1] Die bei der amtlichen Bekanntmachung im Reichsgesetzblatt gewählte und deswegen viel gebrauchte Bezeichnung „Bekanntmachung" über die Geschäftsaufsicht ist, soweit man die Rechtsquelle meint, falsch. Es handelt sich um eine vom Bundesrat als Gesetzgeber erlassene Rechtsverordnung mit Gesetzeskraft. S. Jaeger GA. S. 12, N. 16.

[2] Erlaß des preuß. Min. f. Handel und Gewerbe v. 11. 8. 14, Preuß. JMBl. S. 677; Sieskind S. 61.

[3] Bendix JW. 1914, S. 1002 behauptet zwar unter Hinweis auf das Verfahren in Moratoriensachen der Allgemeinen Gerichtsordnung von 1793, daß es sich nicht um eine neue eigenartige Rechtsschöpfung handele, aber die Unterschiede sind doch ganz wesentlich.

mit seinen schweren Nachteilen für Schuldner und Gläubiger und den allgemeinen wirtschaftlichen Schädigungen abzuwenden, als ihn durchzuführen. Das Problem der Konkursverhütung beschäftigte seit langer Zeit die Rechtswissenschaft. Man dachte dabei vornehmlich an einen Konkursabwendungsvergleich.[1] Die erste Verordnung brachte indessen nur eine Geschäftsaufsicht über den zahlungsunfähigen Schuldner. Es zeigte sich bald, daß die Geschäftsaufsicht nur durch einen Zwangsvergleich zu einer glücklichen Lösung gelangen kann. Ohne diesen entbehrte sie des natürlichen Abschlusses und wirkte daher als Schraube ohne Ende;[2] die Verorduung bestimmte, wie das Verfahren beginnen, nicht aber, wie es enden solle, und war daher ein ungelöstes Rätsel.[3] Aber auch sonst erwies sich die erste Verordnung in vielen Beziehungen als unzulänglich und lückenhaft. Die neue Verordnung vom 14. 12. 16 bedeutete einen großen Schritt vorwärts. Sie führte als wertvollste Neuerung den Zwangsvergleich zur Abwendung des Konkurses ein. Wenn sie auch nicht alle Hoffnnngen erfüllte, die auf sie gesetzt wurden,[4] so brachte sie doch wesentliche Änderungen und Ergänzungen und baute auch das Geschäftsaufsichtsverfahren selbst bedeutend aus.

Hierbei haben u. a. zwei grundlegende, umstrittene Fragen eine Lösung gefunden:

1. die Frage, ob ein vom Geschäftsaufsichtsverfahren betroffener Gläubiger Klage auf Leistung[5] erheben kann,
2. die Frage, wer die Kosten einer solchen Leistungsklage zu tragen hat, wenn der Aufsichtsschuldner den Anspruch sofort anerkennt.

Die erste Frage wurde in richtiger Erkenntnis des Wesens und Zweckes der Geschäftsaufsicht in Rechtsprechung und Wissenschaft über-

---

[1] „Präventivakkord" i. S. Jaegers. S. hierzu vor allem Jaeger KO. § 173 Anm. 15, 16 m. Literaturnachweisen, und weiter denselben in DJZ. 1905, S. 753ff.; LZ. 1907, S. 132ff., 584ff.; 1916, S. 117ff.; ZZP. 48, 140f.; GA. S. 6ff.

[2] Stein LZ. 1915, 257.

[3] Jaeger GA. S. 11 und schon kurz nach dem Erlaß der 1. Verordnung in BankA. 1914, S. 36.

[4] S. besonders die Ausführungen von Jaeger GA. S. 13ff.

[5] Die Zulässigkeit der Feststellungs- und Rechtsgestaltungsklage war nie zweifelhaft, s. jedoch OLG. Dresden in OLG. 31, 391.

wiegend bejaht.[1] Der § 12 BO. bannt in dieser Hinsicht jetzt jeden Zweifel. Hinsichtlich der zweiten Frage bestanden nicht weniger als fünf verschiedene Meinungen.[2] Die herrschende Meinung wollte dem Schuldner unter allen Umständen die Kosten auferlegen.[3] Andere wollten nach Lage des Einzelfalles entscheiden, ob der Gläubiger oder der Schuldner kostenfällig sei.[4] Wieder andere forderten zum mindesten ein außerordentliches Anerkenntnis des Schuldners, insbesondere das Angebot eines schriftlichen Zahlungsversprechens oder einer vollstreckbaren Urkunde.[5] Eine vierte Meinung erachtete schon die Aufnahme der Forderung in das Gläubigerverzeichnis für ausreichend, um den Schuldner von der Kostenlast zu befreien, wenn der Gläubiger die Geschäftsaufsicht kannte.[6]

Eine fünfte Meinung endlich begnügte sich mit einem bloßen Anerkennen des Schuldners, wenn er den Anspruch nicht bestritten hatte.[7]

Diese Fülle verschiedener Ansichten beweist zur Genüge, daß das Eingreifen des Gesetzgebers dringend geboten war. Mit der in § 12 BO.

---

[1] RG. in JW. 1917, 161, abgedruckt ausführlicher in RG. 89, 225 mit erschöpfender Literaturübersicht. Einen abweichenden Standpunkt hatten nur eingenommen: der I. ZS. des OLG. Dresden — in Urteilen vom 28. 10. 15 (OLG. 31, 389, ausführlicher in LZ. 1916, 77 und SächsArchR. 15, 494) und v. 16. 3. 1916 (Recht 1916, 404, ausführlicher in LZ. 1916, 762, SächsArchR. 1916, 196 und JW. 1916, S. 866) — und das Landgericht Leipzig im Urteil vom 8. 4. 1915 (JW. 1915, 770 und 806, Recht 1915, 454).

[2] Übersicht über die verschiedenen Meinungen geben Güthe-Schlegelberger I 344, 345; II 110, 111; III 113, 114 und Cahn S. 119.

[3] So u. a. Goldschmit JW. 1916, 1325; v. Harder JW. 1915, 1052; Heilberg JW. 1915, 1085, 852, 1304, 1504; 1916, 220, 1223; Mendel DJZ. 1915, 515; Wassermann-Erlanger 3. Aufl. S. 246, 247; Wertheimer JW. 1915, 175; OLG. Breslau JW. 1915, 1452; OLG. Celle Recht 1916, 82 u. LZ. 16, 176; OLG. Cöln JW. 1916, 1491; OLG. Dresden IX. ZS. Recht 1915, 454, LZ. 15, 1115; OLG. Frankfurt OLG. 31, 388 und Recht 1915, 623.

[4] So u. a. OLG. Dresden IV. ZS. OLG. 31, 389 u. SächsArchR. 1915, 458; OLG. Düsseldorf Recht 1915, 173; Sintenis S. 365.

[5] Breit JW. 1915, 171; Levis DRZ. 1915, 409; LG. Leipzig JW. 1915, 806. AG. Frankfurt a. M. JW. 1916, 216; Recht 1916, 145.

[6] U a. OLG. Posen in PosMSchr. 1915, 147.

[7] OGL. Dresden I. ZS. in OLG. 31, 391; SächsArchR. 1915, 494; 1916, 196 (ausführlicher in JW. 1916, 866 und LZ. 1916, 762). LG. Barmen in Recht 1914, 729. Jaeger in BankA. 1914, 35; Klien in JW. 1915, 770; Peschke in HoldheimsMSchr. 1915, 229.

getroffenen Regelung gelangte die zuletzt angeführte Ansicht zum Siege.[1] Sie hat die Kardinalfrage bündig entschieden. Bei näherem Zusehen zeigt sich indessen, daß auch der § 12 nicht alle aufgetauchten Fragen löst und noch manchem Zweifel Raum läßt. Eine eingehendere Untersuchung dieser Vorschrift erscheint daher nicht müßig, vor allem auch um deswillen nicht, weil wir uns hinsichtlich des Verfahrens zur Abwendung des Konkurses mitten im Flusse einer Rechtsentwicklung befinden.[2] Die Aufgabe der Rechtswissenschaft, die aus dem Wandel der Zeiten, des Verkehrs und des Denkens geborenen Rechtsprobleme zu kristallisieren und einheitliche, den Bedürfnissen des Lebens gerecht werdende Gesetzesauslegung zu fördern,[3] ist heute, wo mit Schlagworten vom Zusammenbruch der Rechtspflege und vom Bankrott der Jurisprudenz die Köpfe verwirrt werden,[4] bedeutungsvoller als je. Es muß allerdings vermieden werden, daß verschiedene Gerichte — ja sogar verschiedene Senate eines Oberlandesgerichts[5] — dieselbe Rechtsfrage beharrlich verschieden lösen, und daß die Frage der Anwendbarkeit eines so bedeutsamen und praktischen Gesetzes, wie der Aufsichtsverordnung vom 14. 12. 1916, von verschiedenen Amtsgerichten verschieden beantwortet wird. Die Rechtsverfolgung darf kein Glücksspiel sein.

II. Die Zulässigkeit der Anordnung der Geschäftsaufsicht in der Gegenwart.

Es bestehen in der Tat Zweifel, ob und inwieweit die Geschäftsaufsicht zur Abwendung des Konkurses noch angeordnet werden kann.

---

[1] Zuerst vertreten von Jaeger BankA. 1914, 35.

[2] S. Jaeger „Keime künftiger Rechtsentwicklung im Kriegskonkursrecht", Vortrag, gehalten in der Juristischen Gesellschaft zu Berlin am 11. 5. 1918, ZZP. 48, 139 ff. und Oertmann in „Recht und Wirtschaft" 1917, S. 229.

[3] Was das Reichsgericht in der bedeutsamen Entscheidung Bd. 100, S. 132 von der Rechtsprechung sagt, gilt im Kernpunkt auch für die Rechtswissenschaft.

[4] So z. B. Deinhardt im Berliner „Tag" („Kritischer Teil") Nr. 224, 225 v. 5. u. 6. Okt. 1920, und Stampe in seiner „Einführung in das bürgerliche Recht". S. dagegen Harenburg im „Tag" Nr. 282 v. 21. Dez. 1920 „Sind Jurisprudenz und Rechtsordnung wirklich bankrott?"

[5] So in der Frage der Zulässigkeit der Leistungsklage und der Frage der Kostenpflicht bei Anerkenntnis des Schuldners der I. ZS. gegen den IV. u. IX. ZS. des OLG. Dresden, s. SächsArchR. 1915, 458, 494; 1916, 195 u. oben S. 3 Anm. 3, 4 u. 7.

Was zunächst die Geltung der Bundesratsverordnung v. 14. 12. 16 anlangt, so schreibt der § 80 Abs. 3 der Verordnung ausdrücklich vor: „Der Bundesrat bestimmt, wann und in welchem Umfang die Verordnung außer Kraft tritt." Infolge der Revolution war an die Stelle des Bundesrats zunächst der „Staatenausschuß" (§ 2 des Ges. über die vorläufige Reichsgewalt v. 10. Februar 1919, RGBl. S. 179 und § 3 des Übergangsgesetzes v. 4. März 1919, RGBl. S. 285) und ist dann auf Grund des Art. 179 der Verfassung des Deutschen Reiches v. 11. August 1919 (RGBl. S. 1383) der „Reichsrat" getreten. Die bis dahin dem Staatenausschuß (und vorher dem Bundesrat) zustehende Befugnis zum Erlaß von Verordnungen ist nach Art. 179 Abs. 2 RV. auf die Reichsregierung übergegangen, die zum Erlaß der Verordnungen der Zustimmung des Reichsrats nach Maßgabe der Verfassung bedarf.[1] Weder Staatenausschuß noch Reichsregierung haben von der auf sie übergegangenen Befugnis des § 80 Abs. 3 VO. Gebrauch gemacht. Wohl aber stellte die Reichsregierung in der Bekanntmachung v. 28. Dezember 1918 (RGBl. 1919 S. 16) fest, daß alle von dem Bundesrate erlassene kriegswirtschaftlichen Verordnungen ihre Wirksamkeit in vollem Umfange behalten haben, und § 1 des Übergangsgesetzes v. 4. März 1919 und Art. 178 Abs. 2 der Reichsverfassung bestimmen ausdrücklich, daß die Gesetze und Verordnungen des Reichs in Kraft bleiben.

Da auch seither eine Aufhebung nicht erfolgt ist, so ist die Verordnung des Bundesrats über die Geschäftsaufsicht zur Abwendung des Konkurses vom 14. 12. 1916 noch in Kraft.

Die Bedenken hinsichtlich der Anwendbarkeit der Verordnung wurzeln im § 1. Darnach muß die Zahlungsunfähigkeit oder Überschuldung „infolge des Kriegs" eingetreten sein, und es muß Aussicht bestehen, daß sie „nach Wegfall der Kriegsverhältnisse" behoben oder der Konkurs durch ein „Übereinkommen mit den Gläubigern" abgewendet werden wird. Zahlreiche Gerichte[2] lehnen nun die Anordnung der Geschäftsaufsicht ab, wenn der Konkursgrund in der Nachkriegszeit

[1] Ein selbständiges Verordnungsrecht steht dem Reichsrat im Gegensatz zum vormaligen Bundesrat nicht zu. Er ist als Gesetzgeber ausgeschaltet, Art. 68 ff. 179 RV.

[2] So z. B. die Amtsgerichte in Berlin, anders dagegen z. B. das Amtsgericht in Leipzig.

entstanden ist, weil er nicht eine Folge des Kriegs, sondern der Kriegsbeendigung sei. Dies ist nicht zu billigen. Krieg und Konkursgrund müssen zwar in ursächlichem Zusammenhang stehen, aber der Krieg muß weder die einzige noch die unmittelbare Ursache sein. Es genügt, daß der Krieg nur mittelbar den Zusammenbruch herbeiführte. Schon während des Kriegs hatte man eine weitherzige Auslegung des § 1 befürwortet und die unter den Anzeichen des Kriegs — z. B. durch die Erklärung des Kriegszustandes — eingetretene Zahlungsunfähigkeit als Kriegsfolge betrachtet.[1] Man muß ebenso den infolge der Nachwehen und Nachwirkungen des Kriegs eingetretenen wirtschaftlichen Zusammenbruch als Kriegsfolge betrachten.[2] Die politischen Umwälzungen, inneren Unruhen, wirtschaftlichen Erschütterungen, Streiks usw. sind Folgen des Kriegs; soweit sie allein oder in Verbindung mit anderen Umständen den Schuldner konkursreif werden lassen, ist der Krieg auch jetzt noch mittelbare Ursache. Man wird bei Prüfung der Zusammenhänge nicht allzu peinlich verfahren dürfen. Wenn Aussicht besteht, daß der Schuldner den Konkurs durch ein Übereinkommen mit den Gläubigern (sei es ein außergerichtliches gütliches Übereinkommen, sei es der Zwangsvergleich nach Maßgabe der VO.) abwenden kann, ist die Geschäftsaufsicht auch heute noch anzuordnen. Des Segens der Konkursabwendung dürfen die Schuldner gerade heute bei unserem siechen Wirtschaftsleben nicht durch starre Wortauslegung beraubt werden. Die Verhältnisse, die zur Einführung der Geschäftsaufsicht und des konkursverhütenden Zwangsvergleichs führten, haben sich nicht verbessert, sondern eher verschlechtert; mehr noch als im Krieg entspricht jetzt die Konkursverhütung den Bedürfnissen des Wirtschaftslebens, dem Wohle der Allgemeinheit und des Einzelnen. Die Rechtsanwendung hat sich dem anzupassen. Dies kann um so unbedenklicher geschehen, als mit Einführung des konkursabwendenden Zwangsvergleichs zu rechnen ist.[3]

---

[1] Bendix LZ. 1917, 159; Bovensiepen § 1 Anm. 3; Cahn S. 39; Hörle Recht 1915, 221 ff.; Jaeger BankA. 1914, 33; Klien § 1 Anm. 1c; Klug S. 60; Levy S. 33; Wassermann-Erlanger S. 233; Weill S. 7.

[2] Jeager LZ. 1919, 977; Klimmer § 1 Anm. I 4 a. E.

[3] Einleitung der amtlichen Begründung Abs. 6. — Bei dieser Sachlage und der „Fülle des Zukunftsrechts, das die Aufsichts-VO. birgt", (Jaeger ZZP. 48, 140) ist die völlige Übergehung der VO. in der neuesten Aufl. des Komm. z. KO. von Wolff schlechthin unverständlich und noch unverständlicher die von ihm im Vorwort gegebene Begründung, daß die VO. nur für die Kriegszeit von Bedeutung gewesen wäre.

Mit der Zeitbestimmung „nach Wegfall der Kriegsverhältnisse“ läßt sich allerdings nichts mehr anfangen. Nach der Begründung zu § 1 sollte damit der Zeitpunkt bezeichnet werden, von dem an nach Friedensschluß das Wirtschaftsleben sich wieder in geregelten Bahnen bewegen wird. Dies ist jetzt nach fast zwei Jahren seit Friedensschluß nicht der Fall, und es läßt sich gar nicht absehen, wann es der Fall sein wird. So wird man sinngemäß und dem Vorschlage Jaegers entsprechend[1] dem Antrage auf Eröffnung des Geschäftsaufsichtsverfahrens stattzugeben haben, wenn sich der Konkursgrund „in absehbarer Zeit“ beheben läßt. Jedenfalls darf die Anordnung der Geschäftsaufsicht an zu enger Auslegung des verschwommenen Begriffs „nach Wegfall der Kriegsverhältnisse“ nicht scheitern.[2]

Die Anwendung der Verordnung liegt aber auch offenbar im Willen des Gesetzgebers. Dies geht daraus hervor, daß die Verordnung in Kraft geblieben ist, und daß man wohl kaum eine Verordnung in Kraft läßt, die nicht mehr angewendet werden soll. Anderenfalls hätte die Verordnung außer Kraft gesetzt werden, und es hätte lediglich eine Übergangsbestimmung für die Abwicklung der schwebenden Geschäftsaufsichten getroffen werden müssen. Richtiger als schweigen wäre es freilich, wenn man an zuständiger Stelle endlich den vielfachen Anregungen auf zeitgemäße Abänderung des § 1 Gehör schenkte.[3] Die Zwiespältigkeit der Rechtsauffassung und die wirtschaftlichen Interessen, die auf dem Spiele stehen, erheischten schon lange amtliche Stellungnahme und gesetzliche Regelung. Es ist ein Unding, im Hinblick auf geplante umfassende Neuregelung die Dinge laufen zu lassen, wie sie wollen.

---

[1] Jaeger LZ. 1919, 979; s. auch Klug S. 104.

[2] S. über den Begriff Jaeger GA. S. 22; Bovensiepen § 1 Anm. 8; Cahn S. 42; Klug S. 62; Levy S. 34; Weill S. 8; Weinberg § 1 Anm. 5; Zweigert § 1 Anm. 6.

[3] Jaeger im „Berliner Tageblatt“ Nr. 660 v. 27. 12. 18 (Handelsteil), LZ. 1919, S. 979; Hachenburg DJZ. 1919, 160; Abraham DJZ. 1919, 480; zahlreiche Handelskammern, vor allem München am 3. 1. 19 u. 5. 5. 19 usw.

§ 2.

Grund und Zweck des § 12 VO.

I. Die Rechtsstellung des Schuldners und der Aufsichtsgläubiger im allgemeinen.

Um zum Verständnis des § 12 zu gelangen, ist es erforderlich, sich den Einfluß, den die Einleitung des Geschäftsaufsichtsverfahrens auf das Verhältnis des Schuldners zu den vom Verfahren betroffenen Gläubigern hat, vor Augen zu halten.

Geschäftsaufsicht ist, wie sich aus den §§ 1 u. 2 VO. ergibt, die Unterstützung und Überwachung der Geschäftsführung eines konkursreifen Schuldners durch eine — von dem für die Eröffnung des Konkursverfahrens zuständigen Gerichte bestellte — Aufsichtsperson oder eine Mehrheit von solchen. Sie bedeutet nach Jaeger eine Vermögenspflegschaft besonderer Art.[1] Als eine Wohltat für den Schuldner, den sie vor den vernichtenden Folgen des Konkurses bewahren soll, kann sie nur auf seinen Antrag angeordnet werden. Während das Konkursverfahren der gemeinsamen Zwangsbefriedigung der Konkursgläubiger durch Verwertung und grundsätzlich gleichmäßige Verteilung des vom Konkursbeschlag ergriffenen Schuldnervermögens dient, bezweckt das Geschäftsaufsichtsverfahren, das Vermögen des Schuldners zu erhalten und ihn wirtschaftlich wieder in die Höhe zu bringen. Die Einleitung des Konkursverfahrens ist daher während der Dauer der Geschäftsaufsicht schlechthin ausgeschlossen (§ 6 Abs. 1), und die Zwangsvollstreckung ist den von dem Verfahren betroffenen Gläubigern verwehrt (§ 6 Abs. 2). Die Rechtsstellung des Schuldners wird nicht angetastet. Er verliert nicht die Befugnis, sein Vermögen zu verwalten und darüber zu verfügen. Er bleibt selbsttätig, bleibt selbständiger und verantwortlicher Herr und Leiter des etwa von ihm betriebenen Geschäfts. Er büßt weder Partei- noch Prozeßfähigkeit und Sachlegitimation ein. Schwebende Rechtsstreitigkeiten werden nicht unterbrochen oder ausgesetzt.[2] Neuen Klagen steht nichts im Wege.

Das Geschäftsaufsichtsverfahren dient nicht allein der Rettung des

---

[1] Jaeger GA. S. 31, JW. 1917, 916, LZ. 1918, S. 417f., ZZP. 48, 141.
[2] KG. in DJZ. 14, 1303; RG. 89, 229 schon für erste VO.

Schuldners, sondern auch dem Wohle der Gläubiger.[1] Auf die Befriedigung der Gläubiger hinzuarbeiten ist Pflicht des Schuldners und vornehmste Aufgabe der Aufsichtsperson. Die Gläubiger erlangen entweder nach und nach volle Befriedigung oder zum mindesten bei Abschluß eines außergerichtlichen Übereinkommens (Güteausgleichs)[2] oder des konkursabwendenden Zwangsvergleichs erfahrungsgemäß eine höhere Quote als im Konkursverfahren. Mittelbar kommt ihnen zugute, daß das persönliche Interesse des Schuldners an seinem Unternehmen erhalten bleibt und so der vielleicht sehr beträchtliche Wert seiner Arbeitskraft gerettet wird.[3] Der Grundsatz der gleichmäßigen Befriedigung gilt auch für die Aufsichtsgläubiger als Regel. Deswegen ist dem Schuldner u. a. Befriedigung uud Sicherstellung von Ansprüchen ohne Zustimmung der Aufsichtsperson verboten (§ 3 Abs. 2)[4] und die Reihenfolge der Befriedigung seiner Willkür entzogen. Sie wird unter Anwendung der bewährten Grundsätze der Konkursordnung von der Aufsichtsperson, nötigenfalls vom Aufsichtsgericht, bestimmt (§ 5).

[1] Es handelt sich hierbei nicht nur um eine Wechselwirkung der GA., sondern die GA. ist von vornherein auch eine Einrichtung zum Schutze der Gläubiger. S. Jaeger GA. S. 18, LZ. 1917, 582; Heß S. 169; Klien § 2 Anm 1; Wertheimer JW. 15, 1279. A. M. für erste VO. Breit JW. 1915, 162; Wassermann-Erlanger Vorbem. 2 vor § 1 S. 230 und jetzt auch Bovensiepen § 2 Anm. 5. In einem künftigen „Ausgleichsverfahren“ wäre allerdings der Schutz der Gläubiger stärker zu betonen.

[2] Jaeger GA. S. 85.

[3] Jaeger GA. S. 28.

[4] Zum Schutz der Gläubiger sind dem Schuldner in § 3 Abs. 2 noch weitere Rechtshandlungen von besonderer wirtschaftlicher Tragweite ohne Zustimmung der Aufsichtsperson untersagt. Das Zustimmungserfordernis hat allerdings nur innenrechtlich Bedeutung. Mangel der Zustimmung wirkt nicht Nichtigkeit i. S. des § 134 BGB. und nicht relative Unwirksamkeit i. S. des § 135 BGB., § 7 KO. S. die Erläuterungen der VO. von Bovensiepen, Cahn, Klien, Klimmer, Levy, Weinberg u. Zweigert zu § 3, ferner Jaeger BankA. 1914, 34 u. GA. S. 39/40; Kipp DJZ. 1914, 1032; Kretzschmar SächsArchR. 1917, 46; Wassermann-Erlanger § 7 IIb S. 253. De lege lata bringt Vertragsschluß ohne Zustimmung der Aufsichtsperson nur dem Gläubiger den Nachteil, daß er vom Verfahren betroffen wird (§§ 4, 13 Abs. 1 Nr. 1). Gegebenenfalls Anwendung des § 138 Abs. 1 BGB., s. Bovensiepen § 3 Anm. 4, Hallbauer SächsArchR. 1914, 382; Jaeger GA. S. 37; Kipp a. a. O. De lege ferenda ist nach dem Vorgang der österr. Ausgleichsordnung und der ungar. Ausgleichsordnung die Rechtsfolge relativer Unwirksamkeit geboten. S. u. a. Jaeger LZ. 1916, 111, ZZP. 48, 146 N. 7; Schourp S. 45ff.

Zur Sicherung der Gläubiger können dem Schuldner auch besondere Verpflichtungen auferlegt werden (§ 3 Abs. 3),[1] und die Aufsichtsperson kann seine Eigenbetätigung beschränken oder ausschalten, indem sie die Geschäftsführung ganz oder teilweise selbst übernimmt oder einer anderen Person überträgt (§ 2 Satz 2).[2] Schließlich droht dem Schuldner bei Pflichtverletzung die Aufhebung der Geschäftsaufsicht und damit Konkurs und Zwangsvollstreckung (§ 66 Abs. 2 Nr. 1).

Die materiellen Rechte der Aufsichtsgläubiger werden — abgesehen von den Besonderheiten der §§ 8—10 VO. — von der Anordnung der GA. nicht berührt. Insbesondere bleiben ihre Forderungen gegen den Schuldner fällig und klagbar.[3] Sie sind indessen nicht gezwungen, Klage zu erheben, um drohender Verjährung vorzubeugen (§ 209 Abs. 1 BGB.), da die Verjährung ihrer Ansprüche gegen den Schuldner während der Dauer der Geschäftsaufsicht gehemmt ist (§ 7).

II. Die Rechtslage bei der Leistungsklage der Aufsichtsgläubiger.

Bei der geschilderten Sachlage scheint kein zwingender Grund für den vom Verfahren betroffenen Gläubiger vorzuliegen, seine Forderung lediglich deshalb einzuklagen, weil der Schuldner unter Hinweis auf die

---

[1] Z. B. die Verpflichtung, auch solche Verbindlichkeiten, die zur Fortführung des Geschäfts erforderlich und daher an sich nicht zustimmungsbedürftig sind, nur mit Zustimmung der Aufsichtsperson einzugehen, s. amtl. Begr. zu § 3 Abs. 3; ferner die Verpflichtung, keine Wechsel zu zeichnen oder einlaufende Gelder in bestimmter Weise zu hinterlegen, s. Jaeger ZZP. 48 S. 142; Klimmer § 3 Anm. 5.

[2] Der Schuldner büßt nach der richtigen Ansicht auch in diesem Falle Geschäftsfähigkeit und Verfügungsbefugnis nicht ein, Bovensiepen § 2 Anm. 6; Hallbauer SächsArchR. 1914, 382; Jaeger GA. S. 36; Klien § 2 Anm. 2b; Klimmer § 2 Anm. III 1 u. IV; Levy S. 54; Zweigert § 2 Anm. 3. A. M. Cahn S. 62 u. Weill S. 21, deren Gründe den von Jaeger angegebenen Grund, daß Ausschaltung der Verfügungsbefugnis bei dem Ausschluß der öffentlichen Bekanntmachung der Geschäftsaufsicht im Interesse der Verkehrssicherheit unmöglich sei, nicht zu widerlegen vermögen.

[3] Unzulässig ist allerdings nach richtiger Ansicht die — sich freilich nicht gegen den Schuldner richtende — Anfechtungsklage auf Grund des AnfG. v. 21. 7. 1879 Denn diese Klage ist als Hilfsmittel der Zwangsvollstreckung anzusehen und läuft somit dem Vollstreckungsverbot des § 6 Abs. 2 VO., aber auch dem Grundsatz der gleichmäßigen Befriedigung der Aufsichtsgläubiger zuwider. So u. a. Jaeger GA. S. 69 N. 51, JW. 1917, S. 919, ZZP. 47 S. 176 und Klimmer § 6 Anm. IV c, § 12 Anm. 1.

Geschäftsaufsicht und die Zustimmungsverweigerung der Aufsichtsperson die Schuld nicht tilgt. Unter der Herrschaft der ersten VO. waren aber solche Klagen außerordentlich zahlreich. Die Gläubiger strebten — wenn sie auch während der Geschäftsaufsicht nicht vollstrecken konnten — doch darnach, sich vorsorglich einen vollstreckbaren Schuldtitel zu verschaffen.[1] Gewährte ihnen doch dieser Schuldtitel den Vorteil, sofort nach Aufhebung der Geschäftsaufsicht zu vollstrecken, und verschaffte er ihnen doch in dem etwa nachfolgenden Konkursverfahren die günstigere Position bei der Feststellung des Gläubigerrechts (§ 146 Abs. 6 KO.). Dieses Streben wurde in verhängnisvoller Weise dadurch unterstützt, daß die herrschende Meinung dem Schuldner auch bei sofortigem Anerkenntnis die Kosten des Rechtsstreits aufbürdete. Man folgerte aus dem Verzuge des Schuldners, daß er zur Klage Veranlassung gegeben hätte, und erklärte demgemäß den § 93 ZPO. für unanwendbar. So entstand naturgemäß ein Wettlauf der Gläubiger nach vollstreckbarem Urteil. Damit aber wurde das Geschäftsaufsichtsverfahren unterhöhlt, sein Zweck zunichte gemacht. Wehrlos sah sich der Schuldner einer immer wachsenden Prozeßkostenlast gegenüber und mit der Aufhebung der Geschäftsaufsicht einer Flut von Zwangsvollstreckungen ausgesetzt. Statt den Konkurs abzuwenden, drängte ihn die Geschäftsaufsicht zum Konkurs.[2]

In richtiger Erkenntnis dieses Übelstandes suchte der I. ZS. des OLG. Dresden abzuhelfen.[3] Er schlug indessen den falchen Weg ein. Aus dem Verbot der Zwangsvollstreckung (§ 5 erste VO.) und der Verpflichtung des Schuldners, nicht ohne Zustimmung der Aufsichtsperson zu leisten (§ 7 erste VO.), schloß er, daß der Schuldner zur Leistung nicht verpflichtet sei, daher auch nicht dazu verurteilt werden könne und die Leistungsklage abzuweisen sei. Er übersah dabei, daß der § 7 Abs. 2 erste VO. (ebenso wie der § 3 Abs. 2 der neuen VO.) nur eine Sollvorschrift enthält und kein Leistungsverweigerungsrecht begründet [4])

---

[1] Erfahrene Aufsichtsrichter heben hervor, daß die Leistungsklagen fast durchweg schikanös waren. So u. a. Michels Recht 1917 S. 24.

[2] Ebenso Hachenburg DJZ. 1915, 170; Mendel DJZ. 1915, 515 u. Peschke HoldheimsMSchr. 1915, 229.

[3] Urt. v. 28. 10. 15 SächsArchR. 15, 494, Urt. v. 16. 3. 16 SächsArchR. 16, 196, vgl. oben S. 3 Anm. 7.

[4] RG. 89, 225 (JW. 17, 161).

Es liegt nahe, die Frage aufzuwerfen, ob der Gesetzgeber den vom Verfahren betroffenen Gläubigern die Klage auf Leistung nicht schlechthin verbieten solle, wenn der Schuldner den Anspruch nicht bestreitet. Allein dieser schwere Eingriff in das Gläubigerrecht wäre nicht gerechtfertigt und würde allgemeinen Rechtsgrundsätzen widerstreiten. Der Gläubiger hat ein unverbrüchliches Recht, die Hilfe des Staates zur Durchführung seines Anspruchs anzurufen. Der Staat erkennt dieses Recht und seine diesem Recht entsprechende Pflicht mittelbar an, indem er in seinen Prozeßgesetzen die Voraussetzungen und Bedingungen aufstellt, unter denen der Gläubiger Befriedigung erzwingen kann. Der Gläubiger hat mithin einen Rechtsschutzanspruch.[1] Voraussetzung dieses Rechtsschutzanspruchs ist ein Rechtsschutzbedürfnis.[2] Es ist bei dem Anspruche auf eine Leistung schon mit der Fälligkeit gegeben, während es sich für Klagen auf künftige Leistung — abgesehen von den Fällen der §§ 257, 258 ZPO. — nach § 259 ZPO. bestimmt.[3] Nicht erforderlich ist eine Anspruchsverletzung.[4] Liegt diese aber vor — so, wenn der Schuldner den fälligen Anspruch gleichviel aus welchen Gründen nicht befriedigt, — so ist das Rechtsschutzbedürfnis des Gläubigers und hiermit auch die Klagebefugnis unabweisbar. Die Rechtsordnung versagt darum die Klagbarkeit eines Anspruchs nur, wenn das Rechtsschutzbedürfnis fehlt, oder wenn sie ihn nicht als rechtsschutzfähig anerkennt (so z. B. in den Fällen §§ 656, 762, 764, 1297 BGB.). Das Rechtsschutzbedürfnis fehlt u. a., wenn der Gläubiger einen vollwertigen Urteilsersatz bereits in Händen hat, oder wenn ihm ein kürzerer und billigerer Weg zur Durchführung seines Anspruchs offensteht.[5]

[1] Dieser Begriff ist von Wach aufgestellt und von ihm definiert worden als der „Anspruch auf Gewährung prozessualischen Rechtsschutzes“, s. Handb. S. 19 ff. u. ZZP. 32 S. 1 ff. Er hat Eingang in Schrifttum und Rechtsprechung gefunden, wenn auch theoretisch die Meinungen darüber sich gespalten haben, s. vor allem Schmidt S. 13 ff., S. 696 und Stein Voraussf. d. R. S. 3 ff., ZPO. vor § 253 III. Aber auch diejenigen, die den Begriff ablehnen, können das Recht zur Klage in dem hier erörterten Sinn nicht leugnen, s. u. a. Hellwig Anspr. S. 145 ff.; Weismann I S. 67; Fischer S. 10.

[2] Stein Voraussf. d. R. S. 13 ff.

[3] Stein, Voraussf. d. R. S. 16, 68, ZPO. vor § 253 IV 2; Weismann I S. 66; Fischer S. 151 usw. (unbestritten).

[4] Dies fordert Langheineken Anspr. u. Einr. S. 100, dagegen Stein a. a. O. S. 68 ff., ZPO. vor § 253 IV 2a u. N. 95; Hellwig Anspr. S. 352 f.

[5] Stein a. a. O. S. 79 f., 103 ff., ZPO. vor § 253 IV 2b, c.

Ersteres ist z. B. der Fall, wenn die vom Konkursgläubiger angemeldete Forderung im Prüfungstermin vom Gemeinschuldner nicht bestritten und zur Konkurstabelle festgestellt wurde (§ 164 Abs. 2 KO.); letzteres ist z. B. der Fall, wenn der Konkursgläubiger mit Leistungsklage gegen den Gemeinschuldner vorgeht (abgesehen von § 144 Abs. 2 KO.)[1] Das Geschäftsaufsichtsverfahren aber dient nicht der Verfolgung des Anspruchs des Aufsichtsgläubigers, verschafft ihm keinen Urteilsersatz (abgesehen von dem unten in § 5 behandelten Vergleichsverfahren) und bietet ihm keine Gewähr, zur Befriedigung zu gelangen, zumal da die Dauer der Geschäftsaufsicht vom Willen des Schuldners abhängt (§ 66 Abs. 1). Die Anspruchsanerkennung des Schuldners aber ist kein Ersatz für ein Urteil.[2] Sie hindert ihn nicht, nach Beendigung der Geschäftsaufsicht den Anspruch zu bestreiten und nur deshalb den Anspruch zunächst anzuerkennen, um der Klage zu entgehen. Der Zeitverlust aber kann dem Gläubiger schweren Nachteil bringen. Eine Suspendierung des Klagerechts der vom Verfahren betroffenen Gläubigers wäre daher nur dann gerechtfertigt, wenn die ganze Struktur des Geschäftsaufsichtsverfahrens geändert und den Gläubigern wirksamer Schutz gegen jeden Nachteil der Rechtsschmälerung gewährt würde.[3]

Außer diesen allgemeinen Erwägungen sprechen aber noch zwei besondere Gesichtspunkte gegen ein Verbot der Leistungsklage. Die Geschäftsaufsicht gewährt sinngemäß dem Schuldner nur für ihre Dauer einen Vollstreckungsschutz. Darüber hinaus kann und will sie ihn nicht schützen. Es kann somit auch dem betroffenen Gläubiger nicht die Möglichkeit geraubt werden, alsbald nach Beendigung der Geschäftsaufsicht im Wege des Zwanges Befriedigung zu suchen und sich zu diesem Zwecke den Vollstreckungstitel beizeiten zu beschaffen. Abgesehen hiervon kann der Gläubiger auch während und trotz der Geschäfts-

---

[1] Die herrschende Meinung verbietet gleichzeitige Verfolgung des Anspruchs im Konkurs und im Klagwege; nach der richtigen Ansicht mangelt indessen das Rechtsbedürfnis schon, auch wenn der Konkursgläubiger auf Teilnahme am Konkursverfahren verzichtet, Jaeger KO. § 12 Anm. 6, 7, 8; **Wolff** § 12 Anm. 2 S. 93 ff. s. unten S. 62.

[2] Auch das Anerkenntnis in Form einer vollstreckbaren Urkunde bietet keinen solchen Ersatz, da die materielle Rechtskraftwirkung fehlt.

[3] S. unten § 6.

aufsicht das größte Interesse daran haben, seine Forderung rechtskräftig feststellen zu lassen.

Aus all diesen Gründen wäre somit die Versagung der Leistungsklage völlig ungerechtfertigt. Sie würde aber auch über das Ziel hinausschießen. Die Klage auf Leistung muß bei dem Vorliegen der materiellen und prozessualen Klagvoraussetzungen zur Verurteilung des Schuldners führen, wenn er den Anspruch anerkennt (§ 307 ZPO.). Nach den Grundsätzen des Kostenrechts treffen den Schuldner die Kosten (§ 91 ZPO.), es sei denn, daß er dem Gläubiger keine Veranlassung zur Klage gegeben hat (§ 93 ZPO.). Solche Veranlassung liegt bei der Klage auf fällige Leistung nach der überwiegenden Meinung schon dann vor, wenn der Schuldner auf Aufforderung nicht leistet.[1] Steht der Schuldner unter Geschäftsaufsicht, so wird durch die Anwendung dieser Grundsätze der Zweck der Geschäftsaufsicht gefährdet, es wird aber außerdem ein unerträglicher Widerspruch geschaffen: Obwohl dem Schuldner verboten ist, ohne Zustimmung der Aufsichtsperson den Anspruch zu erfüllen, obwohl die Geschäftsaufsicht auch der Befriedigung des Gläubigers dient und er diese Befriedigung während der Geschäftsaufsicht nicht erzwingen kann, soll der Schuldner die Veranlassung zur Klage geben, wenn er trotz Aufforderung den Gläubiger nicht befriedigt. Die Sache liegt vielmehr so, daß der Gläubiger unter diesen Umständen keine Veranlassung zur Klage hat, und daß ihn folgerichtig die Kosten dieser Klage treffen müssen. Nur besondere Gründe können Klagerhebung erheischen und den Gläubiger von der Kostenpflicht befreien. Um zur Lösung des Problems zu gelangen genügt es daher, das in § 93 ZPO. aufgestellte Prinzip der Klagveranlassung zu verschärfen, im allgemeinen die Klagveranlassung des Schuldners zu verneinen und nur in Ausnahmefällen eine Klagveranlassung anzuerkennen. In diesem Sinne hat denn auch die neue Verordnung das Problem gelöst, indem sie in § 12 bestimmt:

„Erhebt ein Gläubiger, der von dem Verfahren betroffen wird, während der Dauer der Geschäftsaufsicht Klage auf Leistung, so fallen ihm die Prozeßkosten zur Last, wenn der Schuldner den Anspruch sofort anerkennt. Dies gilt nicht, wenn der Gläubiger bei der

---

[1] Herrschende Meinung: Schmidt S. 698/699; Hellwig Anspr. S. 354, 359; Weismann I S. 508 IV; Stein ZPO. § 93 III 2; Struckmann-Koch ZPO. § 93 Anm. 1.

Erhebung der Klage die Geschäftsaufsicht nicht kannte oder aus besonderem Grunde an alsbaldiger Erlangung des Urteils ein berechtigtes Interesse hatte."[1]

§ 3.

Das Anwendungsgebiet.

Mit den Worten „Erhebt ein Gläubiger, der von dem Verfahren betroffen wird, während der Dauer der Geschäftsaufsicht Klage auf Leistung" ist das Anwendungsgebiet umrissen. Dem Grund und Zweck der Vorschrift entsprechend gilt sie nur für:

1. Gläubiger, die vom Verfahren betroffen werden,
2. Klagen auf Leistung,
3. während der Dauer der Geschäftsaufsicht erhobene Leistungsklagen.

I. „Gläubiger, die vom Verfahren betroffen werden" — sie seien mit Jaeger[2] kurz „beteiligte" im Gegensatz zu den vom Verfahren nicht betroffenen, den nicht-beteiligten Gläubigern genannt — sind nach § 4 alle persönlichen Gläubiger, die einen vermögensrechtlichen Anspruch gegen die Schuldner haben. Anders als im Konkursverfahren werden nicht nur die Gläubiger, die einen zur Zeit der Anordnung der Geschäftsaufsicht bereits begründeten vermögensrechtlichen Anspruch haben, betroffen, sondern auch die Gläubiger, deren Anspruch erst nach Anordnung der Geschäftsaufsicht ohne Zustimmung der Aufsichtsperson entsteht.[3]

„Persönliche" Gläubiger sind solche, denen der Schuldner persönlich haftet. Die „dinglichen" Ansprüche werden somit von dem Geschäftsaufsichtsverfahren nicht betroffen. Mitgliedsrechte haben bei

---

[1] Es ist eine Wirkung dieser Vorschrift, daß sie die unnötige Behelligung des Schuldners mit Leistungsklagen verhütet, nicht ihr Grund. Man kann also nicht davon sprechen, daß sich der Gesetzgeber der Abschreckungstheorie bedient habe, so Hallbauer Recht 1917, 104. Die Begründung zu § 12 spricht sich über die Motive der getroffenen Regelung nur lakonisch aus.

[2] Jaeger GA. S. 49. Die Verordnung gebraucht den Ausdruck für den engeren Kreis der am Vergleichsverfahren beteiligten Gläubiger (§§ 33 ff.).

[3] Soweit es sich nicht um zustimmungsfreie Rechtsgeschäfte handelt, §§ 3, Abs. 2; 13, Abs. 1 Nr. 1.

der Geschäftsaufsicht über eine Handelsgesellschaft schon deswegen auszuscheiden, weil es sich hier überhaupt nicht um Gläubigerrechte handelt.[1]

Während die Konkursordnung die Teilnahme am Konkurs von einem „Vermögensanspruch" abhängig macht (§ 3 Abs. 1 KO.), gebraucht § 4 den Ausdruck „vermögensrechtlicher Anspruch". Die amtliche Begründung enthält keinen Hinweis, ob diese Abweichung beabsichtigt war. Unter Vermögensanspruch ist ein „Anspruch auf eine geldwerte, aus dem Vermögen des Schuldners beitreibbare Leistung" zu verstehen.[2] Wenn nun auch der Hauptzweck der Geschäftsaufsicht nicht in der Liquidierung, sondern in der Konsolidierung einer Vermögensmasse besteht, so dient doch letzten Endes auch die Geschäftsaufsicht der gleichmäßigen Befriedigung der Gläubiger. Wie bei dem Konkursverfahren die Konkursmasse, wird bei dem Geschäftsaufsichtsverfahren das „Aufsichtsvermögen"[3] dem Zwangszugriff der beteiligten Gläubiger entzogen. Unter vermögensrechtlichem Anspruch kann somit nichts anderes verstanden

---

[1] Jaeger GA. S. 51 u. KO. § 3 Anm. 6; Klimmer § 4 IIc.

[2] Jaeger GA. S. 50, KO. § 3 Anm. 8; Klien § 4 Anm. B1b; Klimmer § 4 IIIa.

[3] Die Streitfrage, ob es der Geschäftsaufsicht nicht unterworfenes Vermögen des Schuldners gibt, ist zu bejahen. Die Geschäftsaufsicht dient der Abwendung des Konkurses. Abgesehen von der positiven Ausnahme, daß auch Neuerwerb des Schuldners zum Aufsichtsvermögen gehört, muß das Vermögen, das nicht dem Konkursbeschlag unterliegt, auch von der Geschäftsaufsicht unberührt sein. Der Schuldner würde sonst schlechter gestellt sein als im Konkurs. Denn wenn er auch verfügungsberechtigt bleibt, so ist es doch möglich, daß er durch Maßnahmen der Aufsichtsperson oder des Gerichts gewisse Beschränkungen erleidet, ja ganz ausgeschaltet wird (§§ 2, 3 Abs. 3). Hierdurch kann aber nie und nimmermehr der Aufsichtsperson ein Verfügungsrecht über das dem Konkurs und der Einzelvollstreckung entzogene Vermögen des Schuldners eingeräumt werden. Über die z. B in § 811 ZPO. genannten Sachen kann nur der Schuldner selbst verfügen. Ebenso, wenn auch mit anderer Begründung, Jaeger GA. S. 19, JW. 1917, 916; Wassermann-Erlanger S. 244. A. M. Breit JW. 1915, 164; Klug S. 68; Klimmer § 2 Anm. II 1; Levy S. 49; Zieger LZ. 1915, 420. Wieder anders Cahn, der die Scheidung in von der Aufsicht erfaßtes und von der Aufsicht freies Vermögen ablehnt, (S. 98 sub D) aber nicht ganz logisch die der Verpfändung entzogenen Vermögensteile (S. 52) und das ehemännliche Nutznießungsrecht nach § 861 ZPO. zu dem der Geschäftsaufsicht nicht unterworfenen Vermögen rechnet (S. 98 sub E). Auch das Amtsgericht Leipzig hat sich in seiner Anweisung an die Aufsichtspersonen für die Verneinung der Streitfrage entschieden.

werden als ein Anspruch, der sich gegen das Aufsichtsvermögen richtet, nicht aber ein Anspruch mit Vermögenswert schlechthin.[1] Ansprüche, die sich nicht gegen das Aufsichtsvermögen, sondern lediglich gegen die Person des Schuldners richten, sind daher keine vermögensrechtlichen Ansprüche und bleiben von der Geschäftsaufsicht unberührt.[2] Hierher gehören Ansprüche auf Vornahme gewisser nicht vertretbarer Handlungen, z. B. auf ärztliche Behandlung, Herstellung eines Kunstwerks, Ausstellung eines Zeugnisses, auf Rechnungslegung (§ 259 BGB.) Auskunftserteilung (§§ 260, 444 BGB.), Vorlegung von Handelsbüchern (§ 45 HGB.) und die Ansprüche auf Unterlassung, z. B. auf Unterlassung drohender Störung (§§ 862, 1004, 1027 usw. BGB.), der Verletzung des Namenrechts (§ 12 BGB.), des Firmenrechts (§ 37 HGB.), der Aufstellung kreditgefährdender Behauptungen (§ 824 BGB.), unlauteren Wettbewerbs und die Unterlassungsansprüche des gewerblichen Rechtsverkehrs.[3] All diese Ansprüche werden nicht von dem Verfahren betroffen. Verwandeln sie sich indessen in Ansprüche auf Schadensersatz, so werden sie ebenso wie etwaige auf Grund der §§ 888, 890 ZPO. verhängte Geldstrafen vom Verfahren betroffen, da sie nunmehr eine Leistung aus dem Vermögen des Schuldners erstreben.[4]

Die Ansprüche auf Vornahme vertretbarer Handlungen, deren Vollstreckung nach § 887 ZPO. erfolgt, richten sich letzten Endes gegen das Vermögen des Schuldners und sind daher vom Verfahren betroffen.[5]

Der Rechtsgrund des vermögensrechtlichen Anspruchs ist ohne Be-

---

[1] Diese weitere Bedeutung kommt dem Begriff „vermögensrechtlicher Anspruch" nur für das Zivilprozeßrecht zu, Stein ZPO. § 1 II 1, RG. 88, 333.

[2] So die allgemeine Meinung: Bovensiepen § 4 Anm. 2; Cahn S. 79; Klien § 4 Anm. 1; Klimmer § 4 IIIa; Klug S. 21; Zweigert § 4 Anm. 2, § 12 Anm. 2; ferner Hallbauer Recht 1917, 104; Jaeger GA. S. 50 usw.

[3] So Breit JW. 1915 S. 169; Jaeger GA. S. 50, JW. 1917 S. 917; Klug S. 21, 96; Wassermann-Erlanger S. 260 und die übrigen in Anm. 2 Zitierten. A. M. Cahn S. 89 im Widerspruch zu seiner S. 79 vertretenen Ansicht; Levy S. 83 und Weill S. 40ff.

[4] Bezüglich der Geldstrafen ist Klien § 4 Anm. B1b anderer Meinung. Man wird indessen hier nicht behaupten können, daß sich die Geldstrafen gegen die Person und nicht gegen das Vermögen des Schuldners richten.

[5] Breit JW. 1915 S. 169/170; Klimmer § 4 Anm. IIIa, § 6 II1e.

deutung. Der Anspruch kann auf Rechtsgeschäft, Gesetz[1] oder unerlaubter Handlung[2] beruhen; er kann in Schuld-, Sachen-, Familien- und Erbrechts-Verhältnissen seine Wurzel haben. Die familienrechtlichen Ansprüche auf Unterhalt und die Ansprüche der unehelichen Mutter aus den §§ 1715, 1716 BGB. werden — gleichgültig, ob sie für Vergangenheit oder Zukunft geltend gemacht werden — von der Geschäftsaufsicht betroffen (§§ 33 Abs. 2 Nr. 2 VO. u. § 3 Abs. 2 KO.).[3] Auch die Bereicherungsansprüche sind den Wirkungen des Geschäftsaufsichtsverfahrens nicht entzogen, es sei denn, daß die Bereicherung erst nach Anordnung der Geschäftsaufsicht eingetreten und mit Billigung der Aufsichtsperson entstanden oder durch sie selbst herbeigeführt ist.[4]

Es sind nun aber nicht alle persönlichen Gläubiger, die einen vermögensrechtlichen Anspruch gegen den Schuldner haben, beteiligte Gläubiger. Zwei große Gruppen, die den Masseschuldgläubigern der Konkursordnung (§ 59 Nr. 1 u. 2) entsprechen, sind ausgenommen. Sie seien mit Jaeger unter den Namen „Neugläubiger" und „Gegenseitigkeitsgläubiger" zusammengefaßt.[5]

Neugläubiger sind Gläubiger, deren Ansprüche auf Rechtshandlungen des Schuldners beruhen, die er nach Anordnung der Ge-

---

[1] Auch auf der gesetzlichen Gefährdehaftpflicht, z. B. §§ 833, 836 BGB., § 1 HaftpflG. v. 7. 6. 71, § 7 KVG. v. 3. 5. 09. Die Verletzten können indessen hier als Absonderungsberechtigte in Frage kommen, § 157 VVG. S. Jaeger KO. § 49 Anm. 12, Klimmer § 13 Anm. B IV 2.

[2] Die nach Anordnung der Geschäftsaufsicht entstehenden Ansprüche aus unerlaubter Handlung oder der Gefährdehaftpflicht werden u. U. vom Verfahren nicht betroffen, s. hierüber Jaeger GA. S. 52; Breit JW. 15 S. 168; Klien § 13 Anm. 1; Klimmer § 13 B. Id.

[3] S. Bovensiepen § 3 Anm. 9; § 4 Anm. 2; Jaeger GA. S. 43, 50, 89; Klimmer § 4 IIIb; Klug S. 29 und amtl. Begründungen zu § 33. A. M. Breit JW. 1915 S. 167; Cahn S. 218. Vom Vergleichsverfahren sind diese Unterhaltsansprüche — mit Ausnahme der Fälle der Vererbung der Unterhaltspflicht —, soweit sie für die Zeit nach Eröffnung des Vergleichsverfahrens geltend gemacht werden, ausgeschlossen. Jaeger GA. S. 89, KO. § 3 Anm. 37; Klimmer § 33 II 2; Cahn S. 218.

[4] S. Beispiele bei Jaeger GA. S. 53/54; ebenso ferner Breit JW. 1915 S. 169; Klimmer § 4 Anm. IIIa u. § 13 Anm. BIf.; Klug S. 25; Zweigert § 13 Anm. 2; A. M. Bovensiepen § 13 Anm. 11; Levy S. 73; Wassermann-Erlanger S. 260; Ähnelt JW. 15, 494.

[5] GA. S. 51, 53.

schäftsaufsicht mit Zustimmung der Aufsichtsperson vorgenommen hat oder ohne solche Zustimmung vornehmen durfte (§ 13 Abs. 1 Nr. 1)[1]. Ohne Zustimmung aber darf der Schuldner alle Verbindlichkeiten eingehen, die zur Fortführung des Geschäfts oder zu einer bescheidenen Lebensführung des Schuldners und seiner Familie erforderlich sind (§ 3 Abs. 2). Den Rechtshandlungen des Schuldners sind nach der richtigen Ansicht auch die Rechtshandlungen der Aufsichtsperson oder des von ihr Bevollmächtigten gleichzustellen[2]. Begründet dagegen der Schuldner eine zustimmungsbedürftige Verbindlichkeit ohne die Zustimmung der Aufsichtsperson, so wird der Gläubiger von der Geschäftsaufsicht betroffen, wenn er auch von ihr keine Kenntnis gehabt hat. Diese Unkenntnis ist an sich möglich, da die Anordnung der Geschäftsaufsicht nicht öffentlich bekanntgemacht, nicht im Grundbuch und den öffentlichen Registern eingetragen wird[3]. Der gute Glaube schützt den Gläubiger nicht gegen die Nachteile der Geschäftsaufsicht[4].

Wenn der Schuldner eine vor der Anordnung der Geschäftsaufsicht entstandene Schuld mit Zustimmung der Aufsichtsperson in eine andere Verbindlichkeit umwandelt (§ 364 Abs. 2 BGB.) oder vertragsmäßig anerkennt oder in darüber schwebendem Prozeß sich vergleicht, so entsteht keine neue Verbindlichkeit im Sinne des § 13 Abs. 1 Nr 1[5]. Dies gilt auch für Prolongationswechsel; denn es handelt sich hierbei nicht um Übernahme einer neuen Verbindlichkeit zum Zwecke der Befriedigung des Gläubigers, sondern nur um Hinausschiebung der Fällig-

[1] Nebenbei: Im etwa nachfolgenden Konkurs stehen sie den Altgläubigern gleich. S. amtl. Begr. zu § 71; Cahn S. 298; Jaeger GA. S. 78; Levy S. 128; Weinberg zu § 71; ferner auch Heyn ZAktW. 1915, 86; Tremblau JW. 1919, 373 u. RG. 100, 62ff.

[2] Cahn S. 127; Jaeger BankA 1914 S. 35, GA. S. 51, 29ff.; Klimmer § 13 Anm. B Ib; Klug S. 30; Kretzschmar SächsAR. 17, 46.

[3] Nach der Sächs.VO. über die Geschäftsaufsicht zur Abwendung des Konkurses vom 28. 12. 1916 I Ziff. 6 (JMBl. 1916, 118) hat aber der Vorstand des Amtsgerichts dafür Sorge zu tragen, daß von der Anordnung der Geschäfsaufsicht die übrigen Richter des Amtsgerichts und die Gerichtsvollzieher alsbald Kenntnis erhalten. Im übrigen s. unten S. 59.

[4] S. Jaeger BankA. 1914 S. 35, GA. S. 42, 51; Bovensiepen § 13 Anm. 12; Klimmer § 13 Anm. B Ic; Wassermann-Erlanger S. 260, 261.

[5] Breit JW. 1915, 166; Bovensiepen § 13 Anm. 3; Cahn S. 128; Jaeger GA. S. 52/53.

keit der alten Wechselforderung.[1] Gibt der Gläubiger den prolongierten Wechsel weiter, so wird nunmehr auch der gutgläubige dritte Wechselinhaber von der Geschäftsaufsicht betroffen[2].

Gegenseitigkeitsgläubiger sind die Gläubiger, deren Ansprüche auf einem gegenseitigen Vertrage beruhen, der zur Zeit der Anordnung der Geschäftsaufsicht von dem Schuldner und von dem anderen Teile noch nicht oder nicht vollständig erfüllt war (§ 13 Abs. 1 Nr. 2). Wird jedoch gemäß § 9 die Erfüllung durch den Schuldner mit Ermächtigung des Aufsichtsgerichts abgelehnt, so bildet der Schadensersatzanspruch des anderen Teils wegen Nichterfüllung einen von dem Verfahren betroffenen Anspruch. Das Gleiche gilt von dem Schadensersatzanspruch im Falle der Kündigung eines Mietvertrags oder Pachtvertrags oder Dienstverhältnisses durch den Schuldner (§§ 9 Abs. 2, 10 Abs. 2, 11 Abs. 2 i. Verb. m. § 13 Abs. 2).

An dem Geschäftsaufsichtsverfahren sind ferner kraft positiver Gesetzesvorschrift folgende Gläubigergruppen nicht beteiligt:

die Gläubiger, denen im Falle des Konkurses ein Anspuch auf Aussonderung zusteht (§ 13 Nr. 3 VO., §§ 43—46 KO.;

die Gläubiger, soweit sie im Falle des Konkurses abgesonderte Befriedigung beanspruchen können (§ 3 Nr. 4 VO., §§ 47—49 KO.);[3]

---

[1] RG. 77 S. 52.

[2] Sehr bestritten. Wie im Text Bovensiepen § 13 Anm. 12 a. E.; Breit JW. 1915 S. 166; Cahn S. 73, 128; Jaeger GA. S. 53; Klimmer § 3 III 4; Klug S. 28; Wassermann-Erlanger S. 258, 261; A. M. Levy S. 67; Weinberg zu § 13 Anm. 2; Wertheimer JW. 1915 S. 174/175; Zweigert § 13 Anm. 3; unschlüssig Klien § 13 Anm. 1. Das im Text Gesagte muß auch von Wechseln gelten, die der Schuldner ohne die erforderliche Zustimmung der Aufsichtsperson gezeichnet hat. Der Art. 82 WO., den die Gegner anführen, schlägt nicht ein, denn es handelt sich nicht um eine Einrede gegen den materiellen Bestand der Wechselforderung, sondern nur um den gesetzlichen Einfluß der Geschäftsaufsicht auf jene. S. hierzu auch Klimmer § 13 B Ic.

[3] Der Kreis dieser Gläubiger ist aber insofern weiter als im Konkursverfahren, als auch die unmittelbar vor der Anordnung der Geschäftsaufsicht erworbenen Aussonderungs- und Absonderungsrechte nicht anfechtbar sind, da es an den §§ 29 ff. KO. entsprechenden Bestimmungen fehlt. So schon für die erste VO. Wassermann-Erlanger S. 259 und jetzt Jaeger GA. S. 14 ff., 56, JW. 1917 S. 919; Klimmer § 13 B IV 5; Zweigert S. 13 und § 13 Anm. 7 (S. 50); OLG. Hamburg in Recht 17 S. 78 und LZ. 16, 1561. Für analoge Anwendung der konkursrechtlichen Anfechtungsbestimmungen dagegen Cahn S. 139; Klug S. 33. (S. auch § 36 VO. i. Verb. m. § 64 KO.)

die Gläubiger, die im Falle des Konkurses **bevorrechtigt** sind, und die ihnen gesetzlich gleichgestellten Gläubiger, auch soweit die bevorrechtigten Forderungen nach der Anordnung der Geschäftsaufsicht fällig werden (§ 13 Nr. 5 VO., § 61 Nr. 1—5 KO.;[1]

die **Staatskasse** wegen der gerichtlichen Kosten des Verfahrens, sowie die **Aufsichtsperson** wegen ihrer Ansprüche auf Erstattung von Auslagen und auf Vergütung (§ 13 Nr. 6, § 27, § 78 VO.).[2]

Auf diese nicht beteiligten Gläubiger soll hier nicht näher eingegangen werden. Es sei auf die ausführlichen Untersuchungen von **Jaeger** und **Cahn** verwiesen.[3] Hervorgehoben sei der Wichtigkeit wegen nur, daß Aussonderungs und Absonderungsrechte auch während der Geschäftsaufsicht neu entstehen und insbesondere durch Rechtsgeschäft des Schuldners neu begründet werden können.[4] Nach Ansicht einiger Schriftsteller[5] sollen diese Rechte, falls die Zustimmung der Aufsichtsperson fehlte, vom Verfahren betroffen sein und insbesondere dem Zwangsvollstreckungsverbot unterliegen, weil der Schuldner gemäß § 3 Abs. 2 ohne Zustimmung der Aufsichtsperson Ansprüche nicht sicherstellen solle. Dies läßt sich jedoch auf das Gesetz nicht stützen. Der § 6 Abs. 2 gilt nur für beteiligte Gläubiger. Absonderungsberechtigte sind aber nach § 13 Nr. 4 nicht beteiligte Gläubiger. Die einzelnen Nummern dieses Paragraphen stehen selbständig nebeneinander und man kann nicht den in Nr. 1 ausgesprochenen Gedanken auf die Nr. 3 und 4 übertragen, wie vor allem **Klimmer** es tut.[6]

---

[1] Über die gesetzlichen gleichgestellten Gläubiger s. amtl. Begr. zu § 13; **Jaeger** GA. S. 59/60; **Cahn** S. 151, 152.

[2] Der Vollständigkeit halber sei erwähnt, daß bei der Geschäftsaufsicht über einen Nachlaß die in § 224 KO. aufgeführten Masseschuldgläubiger vom Verfahren nicht betroffen werden (§ 73 Abs. 3).

[3] **Jaeger** GA. S. 54—60, JW. 17 S. 920; **Cahn** S. 130—157.

[4] Bovensiepen § 13 Anm. 6; **Cahn** S. 132; **Jaeger** GA. S. 55, 57; **Klug** S. 32, 34; **Kretzschmar** SächsArchR. 1917, 46, 48; **Levy** S. 74; **Zweigert** § 13 Anm. 6d u. 7 a. E.

[5] **Breit** JW. 1915 S. 168; **Cahn** S. 138; **Klimmer** § 13 B Ig IIIe; **Levy** S. 76; **Wassermann-Erlanger** S. 259; **Weill** S. 38.

[6] Eine Einschränkung besteht für den Fall der Geschäftsaufsicht über einen Nachlaß oder das Gesamtgut einer fortgesetzten Gütergemeinschaft. Die nach Eintritt des Erbfalls bzw. der fortgesetzten Gütergemeinschaft erwirkte Zwangsvollstreckung, Arrestvollziehung und Zwangsvormerkung verleihen kein Absonderungsrecht (§ 73 Abs. 1, 5 VO. i. Verb m. §§ 221, 236 KO.).

Die Gläubiger, die nach dem Ausgeführten als nicht beteiligt anzusehen sind, scheiden für die Anwendung des § 12 aus. Sie sind zur zwangsweisen Durchführung ihres Anspruchs berechtigt und setzen sich nicht der Gefahr der Kostenfälligkeit aus, wenn sie Klage erheben.

II. Die zweite Voraussetzung für die Anwendung des § 12 ist, daß der beteiligte Gläubiger „Klage auf Leistung" erhebt. Die Klage auf Feststellung (positive wie negative) steht somit bei Vorliegen des nach § 256 ZPO. geforderten Rechtsschutzbedürfnisses auch dem beteiligten Gläubiger unbeschränkt offen. Naturgemäß kann der beteiligte Gläubiger auch im Verlauf eines Prozesses die Feststellungszwischenklage im Rahmen des § 280 ZPO. erheben, ohne das Kostenrisiko des § 12 zu laufen. Das Gleiche gilt von der Rechtsgestaltungsklage.[1] Es gibt indessen Rechtsgestaltungsklagen, die ihrem Wesen und dem Sinn des § 12 entsprechend den Leistungsklagen zuzuzählen sind. Dies gilt besonders von der Klage auf Erlaß des Vollstreckungsurteils (§§ 722, 1042 ZPO.) und der Klage auf Erteilung der Vollstreckungsklausel (§ 731 ZPO.)[2] Daß während der Geschäftsaufsicht das Vollstreckungsurteil erlassen, die Vollstreckungsklausel erteilt werden kann, wird überwiegend angenommen, denn es handelt sich hierbei nicht um einen Akt der Zwangsvollstreckung, sondern nur um bloße Vorbereitungsmaßregeln zur Zwangsvollstreckung.[3] Die Zwangsvollstreckung ist indessen, soweit der Kläger als beteiligter Gläubiger anzusprechen ist, gemäß § 6 Abs. 2 verwehrt. Man wird daher auch bei Erhebung

---

[1] Auch „Klage auf Rechtsänderung" (Hellwig) und „Bewirkungsklage" (Schmidt, Langheineken, Weismann) genannt. Weismann faßt allerdings die Bewirkungsklage als Unterart der Leistungsklage auf, Lehrb. I S. 61.

[2] Daß es sich in beiden Fällen um Rechtsgestaltungsklagen handelt, erkennen an Stein ZPO. vor § 253 II 3a, § 722 I 1, § 1042 I, § 731 I; Voraussf. d. R. S. 149; Wach S. 225 N. 18 u. a.; Schmidt S. 902 und Hellwig Anspr. S. 170ff., 175 betrachten die Klage auf Erteilung der Vollstreckungsklausel als Leistungsklage. Kohler Pr. als Rechtsverh. S. 128, Langheineken Urteilsanspr. S. 167ff. nehmen dagegen in beiden Fällen Feststellungsklage an, während wieder anders Weismann II S. 32, 33, 45 eine Feststellungsklage, aber nicht im Sinne von § 256 ZPO., konstruiert.

[3] Das Gleiche gilt von dem Ausspruche der vorläufigen Vollstreckbarkeit und dem Erlaß des Vollstreckungsbefehls. S. hierzu außer den schon mehrfach zitierten Erläuterern der VO. zu § 6 Jaeger GA. S. 68, JW. 17 S. 916; KO. § 14 Anm. 16; Hallbauer Recht 17 S. 107; Klimmer § 6 Anm. II 1c, § 12 Anm. 4; Weill S. 46.

dieser Klagen grundsätzlich die Kostenfrage nach § 12 zu beurteilen haben (s. jedoch unten § 4 III. A 4).

Zu den Leistungsklagen im Sinne des § 12 muß man ferner zwei weitere Rechtsgestaltungsklagen rechnen: die Klage auf Erhöhung einer rechtskräftig zuerkannten Rente (§ 323 ZPO.),[1] soweit der Kläger — etwa als Unterhaltsberechtigter — vom Verfahren betroffen wird, und die Nichtigkeits- und Restitutionsklage (§§ 579, 580 ZPO.),[2] soweit das damit angefochtene Urteil die Leistungsklage eines als beteiligt anzusehenden Gläubigers abweist oder ihr nicht völlig stattgibt. Der Sache nach handelt es sich im letzteren Fall um Rechtsmittel i. w. S., aber der Form nach liegt ein neuer Prozeß vor.

Unter dem Begriff „Leistungsklage" oder „Verurteilungsklage"[3] faßt man alle Klagen zusammen, die Feststellung eines Anspruchs und zugleich einen Leistungsbefehl bezwecken.[4] Das Wort „Klage" ist hierbei nicht im prozeßtechnischen Sinne zu verstehen. Das Recht auf Verurteilung und auf die in ihr enthaltene Feststellung kann in verschiedenen prozessualen Formen geltend gemacht werden: im ordentlichen Prozeß, im Urkundenprozeß, im Mahnverfahren.[5]

---

[1] Stein ZPO. vor § 253 II 3a, § 323 III; Hellwig Anspr. S. 34.

[2] Stein ZPO. vor § 253 II 3b, vor § 578 II.

Wenn es sich in den Fällen §§ 323, 579, 580 ZPO. auch um Rechtsgestaltungsklagen handelt, so bedeutet ihre erfolgreiche Durchführung doch erhöhte Belastung des Schuldnervermögens und aus dem Urteil findet die Zwangsvollstreckung in dieses Vermögen statt. Diese Klagen sind daher hier sachlich den Leistungsklagen zu unterstellen.

[3] Stein, Vorauss. d. R. S. 8; Wach S. 13; Kohler sagt „Anspruchsklage".

[4] Die hiermit gegebene Möglichkeit der Zwangsvollstreckung unterscheidet die Leistungsklage von der Feststellungsklage. Daraus, daß das der Klage auf Feststellung stattgebende Urteil nicht den Zugriff auf das Schuldnervermögen ermöglicht, erklärt es sich, daß die Feststellungsklagen in § 12 ausgenommen sind.

[5] Stein ZPO. vor § 253 II 1, Vorbem. IV vor § 916, § 938 IV u. Vorauss. d. R. S. 9ff. rechnet zu den Verurteilungsklagen auch eine besondere Art der einstweiligen Verfügung, bei der provisorisch zur Befriedigung eines Geldanspruchs verurteilt wird, und die auf Grund von § 940 ZPO. bei fortlaufenden Bezügen angeordneten Geldzahlungen. Die Erwirkung dieser einstweiligen Verfügung ist nach § 6 Abs. 2 dem beteiligten Gläubiger versagt. S. Jaeger GA. S 67; Hallbauer Recht 17 S. 107; Klug S. 89; Weill S. 20ff. A. M. für erste VO. Breit JW. 1915 S. 170 und jetzt noch Levy S. 80. Soweit einstweilige Verfügungen auch dem beteiligten Gläubiger offenstehen — s. Jaeger a. a. O., KO. § 14 Anm. 1; Boven=

Voraussetzung der Leistungsklage ist ein Anspruch auf Leistung. Ob und wann dieser gegeben ist, bestimmt sich nach den Vorschriften des Bürgerlichen Rechts. Die Leistung ist entweder ein Tun oder ein Unterlassen (§§ 194, 241 BGB.). Das Tun kann bestehen in Zahlung einer Geldsumme, Herausgabe einer Sache, Vornahme einer Handlung usw. Unterlassungsansprüche sind gegeben z. B. in den Fällen §§ 12, 550, 892, 1004, 1027, 1053, 1134 BGB. Unterlassungsklagen scheiden jedoch, ebenso wie Ansprüche, die auf ein persönliches Tun gerichtet sind, aus, da es sich hier nicht um beteiligte Gläubiger handelt (s. oben S. 17).

Eine Unterart des Unterlassungsanspruchs ist der Anspruch auf Duldung,[1] z. B. §§ 867, 1005 BGB. Die Zwangsvollstreckung ist hier zulässig, soweit nicht die Beitreibung von Geldstrafen in Frage kommt. Der Kläger ist somit nichtbeteiligter Gläubiger. Auch die Klage auf Duldung der Zwangsvollstreckung ist eine Leistungsklage,[2] aber der Kläger ist gleichfalls nichtbeteiligter Gläubiger, so z. B. wenn ein Gläubiger der Frau gegen den unter Geschäftsaufsicht stehenden Mann auf Duldung der Zwangsvollstreckung in das eingebrachte Gut klagt. Selbst wenn man das gesetzliche Nutznießungsrecht des Mannes zu dem Aufsichtsvermögen rechnet,[3] liegt hier kein von der Geschäftsaufsicht betroffener Anspruch vor; denn der Anspruch auf Duldung der Zwangsvollstreckung ist kein „vermögensrechtlicher" Anspruch im Sinne des § 4 VO., und der Kläger ist kein „persönlicher" Gläubiger des Ehemannes: der Ehemann haftet dem Gläubiger der Frau nicht mit eigenem Vermögen, sondern beschränkt, mit dem eingebrachten Gut der Frau.[4]

Leistungsklage ist auch die Klage auf Abgabe einer Willenserklärung (§ 894 ZPO.), z. B. auf Abtretung einer Forderung, auf Eintragung oder Löschung einer Hypothek, auf Auflassung, auf Ein-

---

siepen § 6 Anm. 2; Zweigert § 6 Anm. 2; Klimmer § 6 III 2b; a. M. Cahn S. 91, 92 — handelt es sich nicht um eine Form der Leistungsklage, sondern um Sicherung künftiger Individualleistungen oder um provisorische Zustandsregelung (s. auch KG. in OLG. 30, 368, 369).

[1] Planck vor § 194 5b S. 505; Oertmann Recht der Schuldverh. § 241 2d.

[2] Stein ZPO. vor § 253 II 1b, § 739 II 2, Voraussf. d. R. S. 54 f. Hellwig Anspr. S. 319; Schmidt S. 699 Anm. 5.

[3] So Levy S. 50; dagegen Jaeger GA. S. 20; Cahn S. 98 sub E.

[4] Stein § 739 I; Hellwig S. 321.

willigung in die Wandlung oder Minderung.[1] Soweit die Willenserklärung vermögensrechtlichen Charakter hat, handelt es sich um einen beteiligten Gläubiger und § 12 hat Anwendung zu finden.[2]

Auch die Klagen auf künftige Leistung fallen unter § 12, soweit der Anspruch vom Verfahren betroffen wird,[3] was z. B. bei der Klage auf künftige Räumung (§ 257 ZPO.) nicht der Fall ist. Dagegen gehören hierher Klagen auf eine nicht von einer Gegenleistung abhängige Geldforderung, deren Fälligkeit kalendermäßig bestimmbar ist (§ 257 ZPO.), Klagen auf wiederkehrende, erst nach Erlassung des Urteils fällig werdende Leistungen (§ 258 ZPO.), z. B. auf Unterhaltsrenten, die auf familienrechtlichen Unterhaltsansprüchen, unerlaubten Handlungen oder gesetzlicher Haftpflicht[4] beruhen, und endlich ganz allgemein Klage auf jede künftige Leistung, wenn deu Umständen nach die Besorgnis gerechtfertigt ist, daß der Schuldner sich der rechtzeitigen

[1] Für Leistungsklage: Jaeger ZZP. 40, 136, Leitf. z. Vorl. über Zivilprozeßrecht, 1910/11 S. 81; GA. S. 66; JW. 1917 S. 161 Anm. u. S. 918; Stein § 894 I; Hellwig S. 445ff.; RG. 89, 230. Für Rechtsgestaltungsklage dagegen: Schmidt S. 700, 743; Langheineken Urteilsanspr. S. 252ff.; Weismann I S. 61, 231.

[2] Hierbei ist es bedeutungslos, wie man die Rechtskraftwirkung des der Klage stattgebenden Urteils mit dem Vollstreckungsverbot des § 6 Abs. 2 in Einklang bringt. Einige wollen das Vollstreckungsverbot hier auch für den beteiligten Gläubiger weichen lassen, weil es sich nicht um einen Akt der Zwangsvollstreckung, sondern nur um eine Vollstreckungswirkung handle; so Ähnelt JW. 1915, 495; Bovensiepen § 6 Anm. 4 u. 6; Cahn S. 94; Heß § 5 erste VO. Anm. 3; Sintenis S. 366; Wassermann-Erlanger S. 240; OLG. Düsseldorf DJZ. 1915, 216; LZ. 1915, 158. Nach Gilbert Recht 1915 S. 186 ZBlFG. 1915 S. 549; Klug S. 87; Weill S. 43 soll die Fiktion des § 894 ZPO. entfallen. Nach Breit JW. 15, 170; Klimmer § 6 II 1d; Zweigert § 6 Anm. 2 hat der Richter von Amts wegen einen Vorbehalt des Inhalts in den Urteilstenor aufzunehmen, daß die Erklärung erst mit der Aufhebung der Geschäftsaufsicht als abgegeben gilt (Zweigert sagt a. a. O. offenbar versehentlich „erst mit der Rechtskraft des Urteils"). Nach der richtigen Ansicht tritt die Urteilsfolge des § 894 ZPO. auch zugunsten beteiligter Gläubiger ein, aber auf Antrag einer Partei hat der Richter einen Vorbehalt des Inhalts in die Urteilsformel aufzunehmen, daß die Erklärung vor der rechtskräftigen Aufhebung der Geschäftsaufsicht nicht als abgegeben gelte, s. Jaeger GA. S. 66/67, JW. 1917, 161 Anm., S. 918 u. Anm. 7, vgl. auch RG. Bd. 89 S. 231 (JW. 17, 162), Kretzschmar JW. 1917, 303, z. Nr. 4.

[3] Jaeger GA. S. 67 N. 47; Klug S. 95.

[4] Daß in den letzteren beiden Fällen der Kläger unter Umständen nichtbeteiligter Gläubiger ist, wurde bereits oben S. 18 Anm. 2 erwähnt.

Leistung entziehen werde (§ 259 ZPO.). Die Leistung kann betagt oder bedingt sein.[1] Das in diesen Fällen erforderte Rechtsschutzbedürfnis wird allerdings während der Geschäftsaufsicht nur schwer nachzuweisen sein. Es kann insbesondere nicht in den Umständen gefunden werden, die zur Geschäftsaufsicht geführt haben, da ja die Geschäftsaufsicht gerade zu dem Zwecke angeordnet wird, die Beitreibung von Forderungen zur Vermeidung des wirtschaftlichen Zusammenbruchs des Schuldners zu verhüten.[2] Die Klage wird daher weniger durch Umstände, die die Leistungsfähigkeit des Schuldners betreffen, als durch Umstände, die seine Leistungswilligkeit und Leistungsbereitschaft fraglich erscheinen lassen, begründet werden können.

Möglich ist auch die Geltendmachung eines Anspruchs auf künftige Leistung in Form des Antrags auf einstweilige Verfügung. Da es sich indessen in diesen Fällen um einen vom Verfahren betroffenen Anspruch handelt, ist schon die Erwirkung einer solchen einstweiligen Verfügung nach § 6 Abs. 2 als unzulässig zu erachten, sodaß für Anwendung des § 12 aus diesem Grunde kein Raum ist.[3]

Bei der Klage auf Leistung vor einem Schiedsgericht (10. Buch der ZPO.) findet § 12 keine Anwendung.[4] Denkbar ist aber immerhin, daß nach den Bestimmungen des Schiedsvertrags die Anwendung des § 12 vorgeschrieben ist, wenn auch der Schiedsspruch als solcher keinen Vollstreckungstitel bildet (§ 1042 Abs. 1 ZPO.) und somit sinngemäß der Zweck des § 12 hier nicht zutrifft.

Erhebt der vom Schuldner verklagte beteiligte Gläubiger eine zulässige, begründete Widerklage auf Verurteilung zur Leistung, so ist § 12 nicht anwendbar, da de facto nicht der Gläubiger, sondern der Schuldner der Angreifer ist, und die Widerklage sich nur als materiellrechtliche Verteidigung darstellt.[5]

---

[1] Stein ZPO. § 259 I u. N. 3 und die dort Zitierten; Hellwig S. 384. A. M. Schmidt S. 718.

[2] S. OLG. Dresden in OLG. 31 S. 391.

[3] Vgl. oben S. 23 Anm. 5. Soweit dies zu Härten führt, wie z. B. im Fall des § 1716 BGB., wo der von Gesetzes wegen der unehelichen Mutter und dem unehelichen Kinde gewährte Schutz ausgeschaltet wird, muß die Aufsichtsperson eingreifen und mit Zustimmung des Gerichts für angemessene Regelung sorgen. (§ 5 letzter Satz VO., s. Jaeger GA. S. 50/51, 67/68.)

[4] Hallbauer Recht 1917 S. 107; Klimmer § 12 Anm. 4; Klug S. 96 Anm. 3.

[5] Hallbauer a. a. O. Nr. 8; Klug a. a. O.

III. Die dritte Voraussetzung für die Anwendung des § 12 ist, daß der beteiligte Gläubiger „während der Dauer der Geschäftsaufsicht“ die Leistungsklage „erhebt“. Die Festsetzung des Anfangs- und Endpunktes der Geschäftsaufsicht ist somit hier wie in allen Fällen, wo die Bestimmungen der Verordnung auf die „Dauer der Geschäftsaufsicht“ [1] abgestellt sind, unerläßlich.

Die Geschäftsaufsicht wird von dem zuständigen Gericht (§ 1 VO., § 71 KO.) auf Antrag des Schuldners angeordnet. Diese Anordnung ist, wie sich aus § 14 ergibt, ein Beschluß im Sinne des Zivilprozeßrechts, der aber in der Regel ohne mündliche Verhandlung ergeht (§§ 15, 16) und daher — da auch eine öffentliche Bekanntmachung nicht stattfindet (§ 18 VO. gegen § 76 KO.) — dem Schuldner gemäß § 329 Abs. 3 ZPO. von Amts wegen zuzustellen ist.[2] Die Gläubiger[3] erhalten nur formlose Nachricht von der Anordnung der Geschäftsaufsicht (§ 22 Abs. 1). Trotz der tief einschneidenden rechtlichen Bedeutung des Beginns der Geschäftsaufsicht enthält die Verordnung keine Bestimmung über den Zeitpunkt der Wirksamkeit des Anordnungsbeschlusses.[4] Es ist somit eine empfindliche Lücke im Gesetz vorhanden, die unter Heranziehung anderer gesetzlicher Bestimmungen und unter Berücksichtigung des Zweckes der Geschäftsaufsicht und der Verkehrssicherheit ausgefüllt werden muß. Dies suchen einige dadurch zu erreichen, daß sie den Zeitpunkt der Zustellung des Anordnungsbeschlusses an den Schuldner als den Zeitpunkt des Beginns der Geschäftsaufsicht betrachten.[5] Dieser Ausweg befriedigt nicht, denn allen übrigen Be-

---

[1] S. §§ 2, 6, 7, 8, 33 Abs. 1, 75 Abs. 1 VO. u. §§ 8 Nr. 1, 2; 9, 10, 13 Nr. 1, 2, 5 VO.

[2] Dies ist im Schrifttum allgemein anerkannt und wird nur von dem Berliner Aufsichtsrichter Hahn — s. JW. 1917 S. 894 — bestritten. Gegen ihn Jaeger JW. 1917 S. 636 u. S. 894 f.

[3] Auch die nicht beteiligten Gläubiger, soweit sie bekannt, insbesondere aus dem Gläubigerverzeichnis (§ 20 Abs. 2) ersichtlich sind, denn bis zu einem gewissen Grade sind auch sie interessiert, s. z. B. §§ 5, 6 Abs. 1.

[4] Auch die amtl. Begründung schweigt hierüber. Dies ist um so unerklärlicher, als die österr. Ausgleichordnung vom 10. 12. 14 (§ 7) und die ungar. Ausgleichsordnung vom 16. 11. 15 (§ 16) eine durchaus zweckentsprechende Regelung getroffen haben. In Österreich treten die Rechtswirkungen der Eröffnung des Ausgleichsverfahrens mit dem Beginn des Tages ein, an dem das Edikt an der Gerichtstafel des Ausgleichsgerichts angeschlagen worden ist.

[5] Bendix DJZ. 17 605 (auch LZ. 1915, 191); Jwand DJZ. 16, 888; Zweigert § 21 Anm. 3; LG. Straßburg LZ. 1916, 1149.

teiligten ist der Zeitpunkt der Zustellung an den Schuldner nicht erkennbar; auch wird die unter Umständen dringend gebotene sofortige Wirksamkeit der Geschäftsaufsicht unnötig verzögert, und schließlich fehlt es doch an einem einheitlichen Zeitpunkt, wenn mehrere Aufsichtsschuldner — z. B. Miterben — vorhanden sind. Es bleibt gar nichts anderes übrig als auf die zuerst von Jaeger vorgeschlagene rechtsähnliche Anwendung des § 108 KO. zuzukommen.[1] Darnach hat der Aufsichtsrichter von Amts wegen die Stunde der Anordnung der Geschäftsaufsicht im Anordnungsbeschluß anzugeben.[2]

Über die Frage der Beendigung der Geschäftsaufsicht hat die Verordnung Klarheit geschaffen (§§ 66—70). Die Geschäftsaufsicht endet entweder durch den vom Aufsichtsgericht zu erlassenden Aufhebungsbeschluß oder mit der Rechtskraft des den Zwangsvergleich bestätigenden Beschlusses. Im letzteren Fall endet die Geschäftsaufsicht von selbst, ohne daß es noch eines besonderen Aufhebungsbeschlusses bedürfte §§ 69, 59). Der Aufhebungsbeschluß ergeht entweder auf Antrag des Schuldners oder von Amts wegen, wenn ein wichtiger Grund[3] für die Aufhebung vorliegt (§ 66). In beiden Fällen steht die Aufhebung nicht in dem Ermessen des Gerichts. Der Aufhebungsbeschluß ist dem Aufsichtsschuldner zuzustellen. (§ 14 VO. i. Verb. m. § 329 Abs. 3 ZPO.). Es steht ihm dagegen die sofortige Beschwerde mit aufschiebender Wirkung zu (§ 68 VO. i. Verb. m. § 577 ZPO.). Hat der Schuldner allerdings die Aufhebung der Geschäftsaufsicht selbst beantragt, so steht ihm die sofortige Beschwerde nicht zu, denn diese setzt — wie jedes Rechtsmittel — eine „Beschwer", die Verletzung eines

---

[1] Trotz der von Hahn JW. 17 S. 894 und vom RG. 89, 201 gegen die Anwendbarkeit von Ausnahmevorschriften der KO. auf ein anderes Sondergebiet geäußerten Bedenken. Die Meinung Levys S. 41, daß die VO. den § 108 KO. nicht ausdrücklich für anwendbar erklärt habe, hindert nicht.

[2] S. hierzu im übrigen Jaeger GA. S. 27, JW. 1917, 636 u. 895 und den Vorschlag von Schourp S. 44; ferner Bovensiepen § 22 Anm. 8; Cahn S. 162; Klien § 21 Anm. 2; Klimmer § 21 Anm. I 2 u. Levy S. 41, die aber im Gegensatz zu Jaeger die Zeitangabe nur für empfehlenswert, nicht für geboten erachten.

[3] Beispiele „wichtiger Gründe" § 66 Abs. 2. Hierzu Jaeger GA. S. 75; Cahn S. 293; Levy S. 124. Der Tod des Schuldners beendet die Geschäftsaufsicht nicht, vielmehr geht das Verfahren in die Nachlaßaufsicht über; an Stelle des Schuldners tritt der Erbe, § 73 VO.

Interesses des Beschwerdeführers, voraus.[1] In diesem Falle wird der Aufhebungsbeschluß bereits mit der Zustellung an den Schuldner wirksam (§ 14 VO., 329 Abs. 3 ZPO.)[2]. Hat der Schuldner zulässigerweise gegen den Aufhebungsbeschluß Beschwerde eingelegt und ist diese Beschwerde abgewiesen worden, so hat er, wenn die Entscheidung des Beschwerdegerichts einen neuen selbständigen Beschwerdegrund enthält, die weitere Beschwerde zum Oberlandesgericht. Dies folgt aus § 14 VO. i. Verb. m. § 568 Abs. 2 ZPO. Keineswegs folgt aus § 19 das Gegenteil, denn dort ist mit „Gericht" naturgemäß das Aufsichtsgericht als solches, nicht aber das Beschwerdegericht gemeint. Soweit die Verordnung daher eine sofortige Beschwerde zuläßt (§§ 27, 42, 59, 68), ist daher auch die Möglichkeit zur weiteren Beschwerde vorhanden[3]. Die Geschäftsaufsicht endet somit:

1. wenn der Schuldner selbst den Aufhebungsantrag stellte, mit der Zustellung des Aufhebungsbeschlusses an ihn;
2. wenn der Beschluß aus wichtigem Grunde von Amts wegen erlassen wird, mit dem fruchtlosen Ablauf der zweiwöchigen, von der Zustellung des Beschlusses an laufenden Notfrist oder — falls der Schuldner Beschwerde eingelegt hat, — mit der formellen Rechtskraft des die Beschwerde abweisenden Beschlusses des Landgerichts oder

[1] Stein ZPO. Vorbem. II vor § 511, § 567 IV 1; RG. in ständiger Rechtsprechung, z. B. RG. 13, 391; 35, 427; 45, 321; KG. in OLG. 10, 437. A. M. BayObLG. SeuffA. 49 Nr. 34; 50 Nr. 219 u. die vom RG. 13, 391; 45, 323 Zitierten.

[2] S. u. a. Jaeger GA. S. 77 (s. aber dort N. 56); Klien § 70 Anm. B 1a; Klimmer § 68 Anm. 3; Klug S. 100.

[3] Dieser von Jaeger gegen die herrschende Meinung verfochtene Standpunkt — GA. S. 74, JW. 1917, 919 — muß als richtig anerkannt werden. Ebenso Klien § 19 und Klug S. 40—42 mit guter Begründung. Die Gegner — u. a. Bovensiepen § 19 Anm. 2; Cahn S. 173 u. JW. 1918 S. 144 Anm.; Kretzschmar SächsArchR. 1917, 44; Klimmer § 19 Anm. 1, § 68 Anm. 3 a. E.; Levy S. 26; Weinberg zu § 19; Zweigert § 19 Anm. 2; ferner OLG. Bamberg JW. 1918, 144, OLG Cöln JW 1918, 187 — klammern sich an die Begründung zu § 19, die besagt, daß auch für die Entscheidung des Beschwerdegerichts § 19 gelte, weitere Beschwerde also nicht stattfinde, worin Cahn (S. 174) in Verkennung der Bedeutung amtlicher Begründungen sogar eine „authentische Festlegung" erblickt. Cahn hält im Anschluß an OLG. Bamberg an dieser Auffassung fest, JW. 18, 144 Nr. 1 Anm.; ebenso OLG. Cöln JW. 18, 187 Nr. 3 u. Kallir in der Anm. dazu, s. auch letzteren GruchotBeitr. 61, 357.

— falls er dagegen weitere Beschwerde erhob — mit dem Erlaß des die weitere Beschwerde abweisenden Beschlusses des Oberlandgerichts;

3. wenn ein angenommener Zwangsvergleich vom Aufsichtsgericht bestätigt wird, in derselben Weise wie zu 2. nur daß in diesem Falle auch jedem beteiligten Gläubiger, der stimmberechtigt war oder seine Forderung glaubhaft macht, die sofortige Beschwerde zusteht, und die Beschwerdefrist einheitlich von der Verkündung des Bestätigungsbeschlusses ab läuft (§ 59 Abs. 2.).

Mit der Beendigung der Geschäftsaufsicht entfallen ihre Rechtswirkungen. Der bisher beteiligte Gläubiger kann, ohne das Kostenrisiko des § 12, Leistungsklage erheben (soweit nicht eine etwaige Konkurseröffnung entgegensteht). Rückwirkende Kraft hat die Beendigung nicht, auch wenn die Aufhebung erfolgt, weil die Voraussetzungen des Verfahrens nicht bestanden haben und nicht bestehen. Dies gilt auch dann, wenn das Urteil auf eine vor der Aufhebung erhobene Leistungsklage erst nach der Aufhebung ergeht. Dies ist unvermeidlich, da die einmal eingetreteten Wirkungen der Anordnung der Geschäftsaufsicht durch die Aufhebung nicht aus der Welt geschafft werden können (anders § 116 KO.).[1]

Umgekehrt findet § 12 nicht Anwendung, wenn zur Zeit des Beginns der Geschäftsaufsicht ein nunmehr als beteiligt anzusehender Gläubiger die Leistungsklage bereits erhoben hatte. Der schwebende Rechtsstreit wird unbeeinflußt von der Geschäftsaufsicht zu Ende geführt. Die Verteilung der Kostenlast richtet sich nach den allgemeinen Grundsätzen der ZPO. Insbesondere rettet sich der Schuldner nicht schon dadurch vor der Kostenlast, daß er im ersten, nach Beginn der Geschäftsaufsicht anstehenden Termine — etwa im 1. Termin zur mündlichen Verhandlung in der Berufungsinstanz — den Anspruch anerkennt. Das maßgebende Kriterium ist nur, daß die Klage während der Dauer der Geschäftsaufsicht erhoben wird.

Fraglich kann es aber sein, ob § 12 zur Anwendung kommen muß, wenn die Geschäftsaufsicht zwischen der Einreichung der Klage bei Gericht und der Zustellung der Klage an den Schuldner angeordnet worden ist.[2]

[1] Jaeger GA. 77f.; Cahn S 294.

[2] Die Frage ist zu scheiden von der anderen Frage, wie die Anerkennung des Schuldners zwischen Klageinreichung und Klagzustellung wirkt, s. unten S. 42.

Die Klage wird vor dem Landgericht durch Zustellung einer beglaubigten Abschrift der Klage an den Gegner, vor dem Amtsgericht durch Zustellung einer beglaubigten Abschrift der Klageschrift bzw. des Klageprotokolls an den Gegner erhoben (§§ 253 Abs. 1, 261 Abs. 3 i. Verb. m. §§ 169, 170, 190 u. 496 Abs. 2, 498 ZPO.).[1] Der Zeitpunkt der Zustellung — nicht schon derjenige der Einreichung der Klage bei Gericht oder der Anbringung zu Protokoll des Gerichtsschreibers — ist somit auch der Zeitpunkt der Klagerhebung.[2] Daher erhebt der Gläubiger hier die Klage in der Tat nach Anordnung, d. h. während der Geschäftsaufsicht. § 12 hat daher Anwendung zu finden. Ob der Gläubiger die Kosten zu tragen hat, hängt freilich von der anderen Frage ab, ob er die Anordnung der Geschäftsaufsicht kannte oder nicht kannte. (S. hierzu unten § 4 III B, S. 56ff).

§ 4.

Der Inhalt der Vorschrift.

I. Das Verhältnis des § 12 VO. zu § 93 ZPO.

a) Grundsatz des Zivilprozeßrechts ist, daß die unterliegende Partei die Prozeßkosten — das sind die Gerichtskosten und die Parteikosten, letztere soweit sie zur zweckentsprechenden Rechtsverfolgung oder Rechtsverteidigung notwendig waren — zu tragen hat (§ 91 ZPO.). Dieser Grundsatz wird — abgesehen von den hier nicht interessierenden Fällen der Kostentrennung, z. B. §§ 95, 96, 97 Abs. 2, 238 Abs. 3, 344 ZPO. — durch die in § 93 ZPO. geregelte Ausnahme durchbrochen:[3])

„Hat der Beklagte nicht durch sein Verhalten zur Erhebung der Klage Veranlassung gegeben, so fallen dem Kläger die Prozeßkosten zur Last, wenn der Beklagte den Anspruch sofort anerkennt."

---

[1] Ausnahmen: §§ 496 Abs. 3, 500 Abs. 2, 510c Abs. 2 u. 696 Abs. 1 ZPO.

[2] Stein vor § 128 IV 2, § 253 II, § 498 II; Schmidt S. 387 und Nachtr. zur 2. Aufl. S. 39; Weismann I S. 354; RG. Bd. 13, 334. (Herrschende Meinung). Es ist allerdings die Meinung vertreten worden, daß die Einreichung der Klage bei Gericht den Beginn der Klagerhebung und die Klagzustellung nur den letzten Akt der Klagerhebung darstelle, z. B. Staub JW. 1886, 210, 1889, 362; LG. Leipzig SächsArchR. 2, 234ff.; 13, 108ff.

[3] So die weitaus herrschende Meinung, u. a. Stein Vorb. II 1 vor § 91, § 91 V, § 93 I; Schmidt S. 1008; Weismann I S. 508; a. M. vor allem Görres ZZP. 35, 313ff; Pfizer Gruch. 30, 107; 31, 593.

Das Gesetz hat hiermit den Begriff der Klagveranlassung aufgestellt, ohne sich jedoch über ihn näher auszusprechen. Der Beklagte hat die Nichtveranlassung zu behaupten und gegebenenfalls zu beweisen.[1]) Ob Klagveranlassung vorliegt oder nicht, entscheidet der Richter nach freiem Ermessen. Man hat jedoch als allgemeine Regel aufgestellt, daß der Gläubiger dann Veranlassung zur Klage hatte, „wenn er nach Lage der Sache annehmen durfte, daß die Klage zur Realisierung seiner fälligen Forderung erforderlich sei",[2] oder „wenn das Verhalten des Schuldners so gewesen ist, daß es bei vernünftiger Würdigung zu dem Schlusse berechtigte, der Gläubiger werde nur durch Anrufung des Gerichts zu seinem Rechte gelangen."[3]

Der § 93 ZPO. ist jedenfalls auf das subjektive Verhalten des Schuldners abgestellt. In Anlehnung an § 93 und doch in bewußter Abweichung von ihm ist das Erfordernis der Klagveranlassung für die Leistungsklage während der Geschäftsaufsicht in § 12 geregelt.

Als Regel stellt der Satz 1 auf, daß den Gläubiger die Kosten treffen, wenn der Schuldner sofort anerkennt. Die Worte: „Hat der Schuldner nicht durch sein Verhalten zur Erhebung der Klage Veranlassung gegeben" fehlen. Auf das Verhalten des Schuldners kommt es somit nicht an. Ein Verhalten des Schuldners, das im allgemeinen als genügende Veranlassung zur Klage betrachtet wird, wie z. B. bei fälligen Forderungen der Erfüllungsverzug (§§ 284 ff., 293 ff. BGB.),[4] begründet somit nicht die Veranlassung zur Leistungsklage gegen den Aufsichtsschuldner.[5] Das Verhalten des Schuldners wird indessen nicht gänzlich ausgeschaltet. Die in Satz 1 aufgestellte Regel wird durch die Ausnahmen des Satz 2 durchbrochen. Wenn hier gesagt ist: „Dies gilt nicht, wenn der Gläubiger aus besonderem Grunde an alsbaldiger Erlangung des Urteils ein berechtigtes Interesse hatte", so

---

[1] Streitig. A. M. z. B. Struckmann-Koch § 93 Anm. 2 a. E.

[2] Hellwig Anspr. S. 358.

[3] Stein ZPO. § 93 III 1.

[4] S. außer den oben S. 14 Anm. 1 Genannten noch Freudenthal § 93 Anm. 3 und Sydow-Busch § 93 Anm. 1 und die bei ihnen angeführte Rechtsprechung.

[5] Jaeger GA. S. 65 N. 46, JW. 1917, 918. M. E. ist Hallbauer Recht 1917 S. 105 unter Nr. 4 der gleichen Meinung, die allerdings nicht ganz klar ausgedrückt ist (a. M. Jaeger a. a. O.).

ist damit anerkannt, daß ein besonderes Verhalten des Schuldners die Klagerhebung rechtfertigen kann. Es sind nur strengere Anforderungen als gewöhnlich zu stellen. Der § 12 verschärft in dieser Richtung den § 93 ZPO.[1] Soweit der besondere Grund in einem Verhalten des Schuldners zu finden ist, handelt es sich um „subjektive Klagveranlassung" im Sinne des § 93 ZPO. Der besondere Grund und das daraus fließende berechtigte Interesse des Gläubigers können aber auch objektiv, unabhängig vom Verhalten des Schuldners, gegeben sein. Es handelt sich dann um „objektive Klagveranlassung", oder, besser gesagt, um einen „Klaganlaß" im Gegensatz zur „Klagveranlassung", da dem ersteren Begriff seinem Sinne nach eine objektive, dem letzteren aber eine subjektive Bedeutung innewohnt. Da man indessen die Begriffe Klaganlaß und Klagveranlassung bisher nicht streng geschieden, sondern beide im Sinn der subjektiven Klagveranlassung gebraucht hat, wird im folgenden der Klarheit halber subjektive und objektive Klagveranlassung unterschieden.

Der Gedanke der objektiven Klagveranlassung ist im § 12 Satz 2 klar zum Ausdruck gekommen. Diese Bestimmung ist im Gegensatz zu § 93 ZPO. nicht lediglich auf das Verhalten des Schuldners abgestellt. Sollte lediglich der § 93 ZPO. verschärft werden, so hätte die Fassung: „........ wenn der Gläubiger infolge eines besonderen Verhaltens des Schuldners an alsbaldiger Erlangung des Urteils ein berechtigtes Interesse hatte" genügt. Die abweichende Fassung des Satz 2 ist gewählt, um die Härte der in Satz 1 aufgestellten Regel zu mildern. Es wäre in der Tat unbillig, dem Gläubiger immer schon dann die Kosten aufzubürden, wenn es an einer besonderen subjektiven Klagveranlassung gebricht. Denn es gibt Gründe, die unabhängig hiervon die Klagerhebung auch während der Geschäftsaufsicht vollauf rechtfertigen.

Die objektive Klagveranlassung hat nun nicht schlechthin die gleiche Wirkung wie die subjektive Klagveranlassung. Sie bedingt nicht die Kostenpflicht des Schuldners. Dies ergibt sich auch unmittelbar aus der Fassung des § 12. Indem der Satz 2 mit den Worten „Dies gilt nicht, wenn ..." eingeleitet wird, ist lediglich der in Satz 1 ausgesprochene Grundsatz für die aufgeführten Fälle aufgehoben, nicht aber

[1] Jaeger GA. S. 65 N. 46, S. 67; JW. 17, 918.

ist die in Satz 1 ausgesprochene Kostenpflicht des Gläubigers verneint und damit die Kostenpflicht des Schuldners bejaht worden. Es ist also damit ausgedrückt, daß nicht die Kostenvorschrift des Satz 1, sondern die allgemeinen kostenrechtlichen Normen Anwendung finden sollen. Ist indessen nach Satz 2 eine subjektive Klagveranlassung gegeben, so treffen den Schuldner allerdings die Kosten, aber nicht auf Grund des § 12, sondern auf Grund der §§ 91, 93 ZPO. Ist dagegen nach Satz 2 eine objektive Klagveranlassung gegeben, so treffen den Schuldner die Kosten nicht ohne weiteres. Es ist in diesem Falle vielmehr noch zu prüfen, ob er auch im Sinne des § 93 ZPO. subjektive Klagveranlassung gegeben hatte und hiernach die Kostenentscheidung zu treffen. Will der Gläubiger der Kostenlast entgehen, so muß er den Schuldner also zum mindesten in Leistungsverzug versetzt haben, wobei naturgemäß die durch die Klagerhebung herbeigeführte Vorzugsbegründung (§ 284 Abs. 1 Satz 2 BGB.) hier ebensowenig wie sonst für die Ausschaltung des § 93 ZPO. genügt.[1]

Der Begriff der objektiven Klagveranlassung hat somit nur für die Leistungsklage während der Geschäftsaufsicht praktische Bedeutung.

Es gibt nun aber Fälle, in denen der objektiven Klagveranlassung eine viel weitertragende Bedeutung zukommt, wo sie die Kostenpflicht des Schuldners trotz Nichtveranlassung der Klage begründet, wo der objektive Klaganlaß sozusagen stärker wirkt als die subjektive Nichtveranlassung. Die objektive Klagveranlassung in diesem Sinn hat als Ausnahme von dem in § 93 ZPO. aufgestellten Grundsatz allgemeinzivilprozessuale Bedeutung, ist indessen in dieser Richtung noch nicht eingehend gewürdigt worden. Sie ist nicht etwa identisch mit einem besonders gearteten Rechtsschutzinteresse des Klägers. Denn dieses kann immer nur die Verurteilung des Beklagten in der Hauptsache, aber nicht die Verurteilung des Beklagten zur Tragung der Kosten rechtfertigen. Die Kostenfrage ist nach der ZPO. grundsätzlich von der Frage der Klagveranlassung abhängig. Man kann auch nicht sagen, daß die Tatsache der Nichtbefriedigung des Gläubigers — also im Grunde ein Verhalten des Schuldners — die Klage veranlasse. Denn diese Tatsache gibt dem Gläubiger ja zunächst nur das Rechtsschutzbedürfnis und die Befriedigung würde dieses Rechtsschutzbedürfnis

[1] S. u. a. Stein § 93 III 2 u. aus der Rechtsprechung OLG. 5 S. 164 sub d (Dresden); a. M. OLG. 5 S. 164 sub e (Königsberg).

aufheben, was nicht die Kostenfälligkeit des Klägers, sondern sein Unterliegen — die Abweisung der Klage — zur Folge hätte. Daß der Kläger in den hier in Frage kommenden Fällen kostenfrei bleibt, ist somit nicht Ausfluß eines Rechtsschutzbedürfnisses besonderer Art, sondern vielmehr die Folge der Tatsache, daß er ohne Klage nicht zum Ziele gelangen kann, daß die Klage ohne jede Rücksicht auf das Verhalten des Schuldners notwendig ist, also die Folge einer objektiven Klagveranlassnng. Man könnte daher hier zwecks schärferer Abgrenzung von der objektiven Klagveranlassung im oben erörterten Sinn von einer „Klagnotwendigkeit" oder einem „Klagzwang" sprechen, letzteres natürlich nicht in dem Sinn, daß der Gläubiger gezwungen ist, gegen seinen Willen Klage zu erheben, sondern nur in dem Sinn, daß er genötigt ist, ohne Würdigung des Verhaltens des Schuldners den Klageweg zur Verwirklichung seines Rechts zu beschreiten. Fälle dieser Art sind allerdings spärlich. In der Hauptsache handelt es sich hier um Rechtsgestaltungsklagen, bei denen das Anerkenntnis des Schuldners für die Entscheidung in der Hauptsache belanglos ist (s. unten III A. 4 S. 52ff.)

Die objektive Klagveranlassung in dem eben erläuterten Sinn sei die „besondere objektive Klagveranlassung" im Gegensatz zu der oben erörterten, (lediglich für die Leistungsklage während der Geschäftsaufsicht bedeutsamen) „gewöhnlichen objektiven Klagveranlassung" genannt. Dem Zivilprozeßrecht ist der Begriff der „besonderen objektiven Klagveranlassung" fremd; der Begriff der „gewöhnlichen objektiven Klagveranlassung" kommt für das Zivilprozeßrecht, wie oben erwähnt, nicht in Frage, er wird von der subjektiven Klagveranlassung aufgezehrt. Der § 12 Satz 2 VO. deckt auch die Fälle der „besonderen objektiven Klagveranlassung".

Der zivilprozessuale Grundsatz der Klagveranlassung ist somit im § 12 VO. in eigentümlicher Weise modifiziert. Der Gläubiger trägt nur dann nicht die Kosten, wenn er „ungeachtet der Geschäftsaufsicht und der damit verbundenen Gläubigerfürsorge" Veranlassung zur Klage hatte[1]. Diese Veranlassung kann im Verhalten des Schuldners liegen. Sie kann aber auch rein objektiv gegeben sein. Je nach Art dieser objektiven Klagveranlassung wird die Regel des § 12 Satz 1 außer Kraft gesetzt und die Kostenentscheidung den allgemeinen Regeln der

[1] Jaeger GA. S. 62 N. 46, JW. 1917 S. 918.

Zivilprozeßordnung unterworfen oder der Schuldner ungeachtet subjektiver Klagveranlassung zur Tragung der Kosten verurteilt[1]. Keineswegs ist aber durch § 12 Satz 2 das Erfordernis eines besonderen Rechtsschutzbedürfnisses des Gläubigers aufgestellt, wenn er auch an die Worte anklingt, mit denen in § 256 ZPO. das Rechtsschutzbedürfnis ausgedrückt ist[2]. Bedeutete der „besondere Grund" und das „berechtigte Interesse" ein besonderes Rechtsschutzbedürfnis, so müßte ihr Fehlen die Abweisung der Klage und nicht nur die Kostenpflicht des Gläubigers zur Folge haben[3]. Das Rechtsschutzbedürfnis muß vielmehr — wie stets — auch für den Bereich des § 12 VO. unabhängig von der Klagveranlassung gegeben sein. Wo es fehlt, kommt die Anwendung des § 12 nicht in Frage.

b) Gemeinsam ist dem § 93 ZPO. und dem § 12 VO., daß sie nur dann Anwendung finden können, wenn der Schuldner den Anspruch „sofort anerkennt". Während aber dieses Erfordernis im § 93 logische Folge der Nichtveranlassung ist, — denn wenn der Schuldner nicht sofort anerkennt, gibt er in diesem Zeitpunkt Veranlassung zur Klage und es rechtfertigt sich rückwirkend die Klagerhebung[4] — hat dieses Erfordernis im § 12 Satz 1 selbständige Bedeutung. Und nicht nur das. Es hat auch eine andere, weitergehende Bedeutung. Unter dem „Anerkenntnis" im Sinne des § 93 ZPO. ist das reine Prozeßanerkenntnis (§ 307 ZPO.) zu verstehen, das vom Schuldner vor Gericht erklärte, unbedingte und vorbehaltlose Zugeben des gegen ihn geltend gemachten Anspruchs. Anerkenntnis im Sinne des § 12 Abs. 1 aber ist jede unbedingte und vorbehaltlose nach Klagerhebung erfolgte

[1] Das Verhältnis des § 12 Satz 2 zu § 93 ZPO. wird von den Erläuterern der Verordnung nicht klar geschaut. Man scheint teilweise sogar anzunehmen, daß Satz 2 positiv besagen will: den Schuldner treffen die Kosten. So vor allem Cahn S. 121, 122; Bovensiepen § 12 Anm. 2; Klien § 12 Anm. 1; Klimmer § 12 Anm. 2; Levy S. 86. Die Unrichtigkeit dieser Annahme ergibt sich schon daraus, daß Satz 2 nicht nur für die Klagveranlassung, sondern auch für die Unkenntnis der Geschäftsaufsicht gilt. Beide Ausnahmetatbestände sind gleichgestellt. Es wird aber wohl niemand behaupten, daß der Schuldner schon deshalb kostenpflichtig wäre, weil der Gläubiger in Unkenntnis der GA. klagte. S. hierzu Jaeger LZ. 1919, 983.

[2] Hierauf weist Jaeger JW. 1917 S. 162 Anm. hin.

[3] S. Stein vor § 253 IV 2c, § 93 III; Vorauss. d. R. S. 25; Hellwig Anspr. S. 138.

[4] OLG. 5, 40f. (Dresden).

Anerkennung, also auch die außergerichtliche Anerkennung.[1] Ist sie z. B. in einem Schriftsatz erfolgt oder ergibt sie sich aus dem eigenen Vorbringen des Gläubigers, so müssen diesem, wenn er Versäumnisurteil gegen den Schuldner erwirkt, gemäß § 12 Satz 1 die Kosten auferlegt werden. Natürlich muß der Schuldner seine Anerkennung aufrechterhalten, wenn es zur mündlichen Verhandlung kommt. Die Kosten treffen aber den Gläubiger nicht deshalb, weil der Schuldner im Prozeß anerkannte, sondern weil die außergerichtliche Anerkennung festgestellt wurde.

Im Falle des § 93 ZPO. begnügt sich die herrschende Meinung bei fälligen Forderungen nicht mit dem bloßen Anerkenntnis des Schuldners, sondern verlangt noch sofortige Leistung oder zum mindesten Erfüllungsbereitschaft[2]. Diese Meinung kann für den Bereich des § 12 Satz 1 keinesfalls Geltung beanspruchen. Denn ohne Zustimmung der Aufsichtsperson soll der Schuldner nicht zahlen. Mehr als reine Anerkennung seiner Forderung kann und darf der Gläubiger auch durch die Klage nicht erreichen, sonst würde sich die Klage trotz der Kostenlast lohnen und der Zweck des § 12 Satz 1 hinfällig werden. — Erkennt der Schuldner die Forderung des Gläubigers nur zum Teil an, so hängt die Kostenentscheidung davon ab, ob die bestrittene Mehrforderung des Gläubigers begründet ist oder nicht. Im ersteren Falle kann sich der Schuldner für den anerkannten Teil nicht auf § 12 Satz 1 berufen, da er nicht restlos anerkannt hat, und der Gläubiger infolgedessen auf das Ganze klagen mußte (s. auch § 266 BGB.). Im letzteren Falle trägt der Gläubiger auf Grund des § 91 ZPO. bzw. § 12 Satz 1 VO. alle Kosten.

Welche Bedeutung das Erfordernis des „sofortigen" Anerkenntnisses hat, ist bestritten. Die verbreitete Meinung, daß „sofort" bedeute „in der ersten mündlichen Verhandlung", ist für § 12 Satz 1 unzutreffend[3]. Das Anerkenntnis kann, wie ausgeführt, noch vor der mündlichen Verhandlung liegen und muß nicht notwendig ein gerichtliches sein.[4] Un-

[1] So Jaeger JW. 1917, 918 u. Cahn S. 120.

[2] Vertreter dieser Meinung sind u. a. Wach, Handb. I S. 20 Anm. 18; Weismann I, S. 509; Freudenthal § 93 Anm. 7; Sydow-Busch § 93 Anm. 1. S. auch RG. 53 S. 326; OLG. 5, 40 (Dresden), 9, 64 (Stettin), 15, 87 (Hamburg), 19, 71 f. (Posen). A. M. Stein § 93 II 1; Schmidt S. 699 Anm. 2; Struckmann-Koch § 93 Anm. 3.

[3] A. M. Bovensiepen § 12 Anm. 1; Levy S. 86; Zweigert § 12 Anm. 3.

[4] Über die Wirkung der zwischen Klageinreichung und Klagzustellung erfolgten Anerkennung s. unten S. 42.

zweifelhaft darf der Schuldner den Anspruch nicht in der mündlichen Verhandlung bestritten haben. Hat er ihn nach Klagerhebung, etwa in der Klagbeantwortung, bestritten, aber in der ersten mündlichen Verhandlung anerkannt, so ist das Anerkenntnis an sich als sofortiges anzusehen. Es kann aber aus diesem Verhalten der Schluß auf subjektive Klagveranlassung i. S. des § 12 Satz 2 gezogen werden. Im übrigen muß das Anerkenntnis nicht gerade im ersten Termin erfolgen. Es ist noch möglich nach Verlegung des Termins, nach Vertagung der Verhandlung — sei sie auf Antrag des Gläubigers oder auf Antrag des Schuldners erfolgt[1] —, aber auch noch im Falle eines Versäumnisurteils im Termine zur mündlichen Verhandlung über den Einspruch und die Hauptsache. Hierbei ist es gleichgültig, ob der Gläubiger oder der Schuldner das Versäumnisurteil erwirkt hat.[2]

Das Anerkenntnis ist auch noch möglich im Termin zur mündlichen Verhandlung nach Erhebung des Widerspruchs gegen einen Zahlungsbefehl, denn mit dem Widerspruch bestreitet der Schuldner nicht notwendig materiell, sondern verwahrt sich gegen die Kosten des Mahnverfahrens.[3] Ja selbst im Einspruchstermin nach Erlaß des Vollstreckungsbefehls (§ 700 ZPO.) muß man u. U. das Anerkenntnis als

---

[1] So Jaeger GA. S. 66 N. 46, JW. 1917 S. 918; OLG. Dresden, Recht 1918 Nr. 665 S. 311, DJZ. 18, 456 u. für § 93 Stein ZPO. § 93 II 2. Dagegen nehmen Bovensiepen § 12 Anm. 1; Klug S. 96 u. für § 93 Freudenthal Anm. 6; Sydow-Busch Anm. 2, OLG. 13, 106 (Braunschweig), JW. 1918 S. 780 Nr. 3 Vertagung auf Antrag des Schuldners aus.

[2] S. Cahn S. 121; Jaeger GA. S. 66 N. 46 und für § 93 Stein § 93 II 2; Hellwig S. 364 Anm. 1b. Dagegen soll nach Ansicht Vieler das Versäumnisurteil gegen den Schuldner die Möglichkeit sofortigen Anerkenntnisses ausschließen; so Bovensiepen § 12 Anm. 1; Hallbauer, Recht 1917 S. 105, Klimmer § 12 Anm. 5; Klug S. 96; ferner für § 93 Freudenthal Anm. 6; Sydow-Busch Anm. 2; OLG. 5 163 (Kiel); 20, 301, 302 (KG.). Es ist nicht einzusehen, warum der Schuldner durch Säumnis der Wohltat des § 12 Satz 1 verlustig gehen soll. Dies entspricht nicht den klaren §§ 331, 342 ZPO. und nicht dem Geiste des § 12. Viel eher könnte man daran denken, das Erfordernis sofortigen Anerkenntnisses als nicht gegeben zu erachten, wenn der Schuldner Versäumnisurteil gegen den Kläger beantragt, anstatt anzuerkennen und Versäumn.-Urt. wegen der Kosten gem. § 12 S. 1 zu begehren. Um die Kosten der Säumnis kommt der Schuldner natürlich nicht herum (s. Jaeger a. a. O.).

[3] Jaeger GA. S. 66 N. 46, JW. 17, 918; Hallbauer, Recht 17, 106; Klimmer § 12 Anm. 4; Stein § 93 II 2.

sofortiges noch gelten lassen, wenn man es nach Versäumnisurteil gegen den Schuldner noch zuläßt. Dafür spricht, daß der Gläubiger den Vollstreckungsbefehl während der Geschäftsaufsicht doch nicht verwerten kann. Überdies wird eine weitherzige Auslegung des § 12 Satz 1 dem Sinn und Zweck der Vorschrift gerecht. Allerdings wird das Verhalten des Schuldners im allgemeinen, insbesondere der Grund des unterlassenen Widerspruchs, sorgfältig zu prüfen sein.

Denkbar ist das sofortige Anerkenntnis auch noch in einer späteren mündlichen Verhandlung, so wenn der Gläubiger den Klagantrag ändert oder eine ihm obliegende Abrechnung erst im Laufe des Rechtsstreits erteilt.[1]

II. Die Kostenpflicht des Gläubigers.

Die Rechtsfolge des sofortigen Anerkenntnisses ist, nach § 12 Satz 1, daß der Gläubiger die Kosten trägt, mag nun der Schuldner auf Antrag des Gläubigers dem Anerkenntnisse gemäß verurteilt werden oder mag mangels eines Anerkenntnisses im prozeßtechnischen Sinne oder mangels eines entsprechenden Antrags des Gläubigers eine Entscheidung in der Hauptsache nicht ergehen. Eines Antrags des Schuldners, dem Gläubiger die Kosten aufzuerlegen, bedarf es nicht. Der Richter hat von Amts wegen die Kostenentscheidung zu fällen. Da die Geschäftsaufsicht nur selten gerichtskundig sein wird, wird der Schuldner dem Richter allerdings Kenntnis von der Geschäftsaufsicht geben müssen. Das Bestehen der Geschäftsaufsicht hat der Richter von Amts wegen zu prüfen, ebenso die Voraussetzung des sofortigen Anerkenntnisses im Sinne des § 12.

Irrtum — auch wenn er entschuldbar ist — über das Vorhandensein einer Klagveranlassung im Sinne des § 12 Satz 2 befreit den Gläubiger nicht von der Kostenpflicht. Der Gläubiger kann sich auch dadurch nicht der Kostenlast entwinden, daß er den Klagantrag auf „Verurteilung zur Leistung nach Aufhebung der Geschäftsaufsicht" stellt.[2] Denn der Zweck der Vorschrift ist, dem Gläubiger zu erschweren, sich auf Kosten des Schuldners einen Vollstreckungstitel zu verschaffen, um alsbald nach Beendigung der Geschäftsaufsicht gegen

[1] So für § 93 Struckmann-Koch § 93 Anm. 3; OLG. 17, 111 (Braunschweig).
[2] Jaeger AG. S. 66.

den Schuldner mit Zwang vorgehen zu können. Sachlich erreicht der Gläubiger auch durch Klage auf gegenwärtige Leistung nur dasselbe wie mit einer in der angegebenen Weise formulierten Klage. Überdies sind ja auch Klagen auf künftige Leistung schlechthin vom § 12 Satz 1 betroffen.

III. Die Ausnahmen von der Kostenpflicht des Gläubigers.

Der Grundgedanke der Vorschrift des § 12 Satz 1 ist gesund. Der immerhin bedeutsame Eingriff in die Rechtssphäre der beteiligten Gläubiger findet seine Rechtfertigung in dem höheren Zweck der Geschäftsaufsicht. Die Überspannung des Grundsatzes der Kostenpflicht des Gläubigers würde indessen zu größten Härten und Unbilligkeiten führen. In richtiger Erkenntnis dieser Tatsache sind im § 12 Satz 2 zwei Ausnahmen zugelassen worden. Die Regel des Satz 1 findet keine Anwendung, wenn

a) der Gläubiger aus besonderem Grunde an alsbaldiger Erlangung des Urteils ein berechtigtes Interesse hatte, d. h. wenn er eine Klagveranlassung in dem oben S. 32—36 erörterten Sinn hatte;
b) der Gläubiger bei Klagerhebung die Geschäftsaufsicht nicht kannte.

A. Die Klagveranlassung.

1. Das berechtigte Interesse.

Mit den Worten „Aus besonderem Grunde ein berechtigtes Interesse an alsbaldiger Erlangung des Urteils" ist die subjektive und objektive Klagveranlassung gekennzeichnet. Die Formel enthält einen gewissen Pleonasmus. Allenfalls hätten die Worte „einen besonderen Grund zur Klagerhebung" oder „ein berechtigtes Interesse an alsbaldiger Erlangung des Urteils" genügt. Der Gesetzgeber hat offenbar das Bestreben gehabt, eine Formel für alle in Betracht kommenden Fälle zu finden.

Bei der Beurteilung der Frage der Klagveranlassung sollen die Interessen des Gläubigers berücksichtigt werden. Dies sagen die Worte „ein berechtigtes Interesse". Der Begriff „berechtigtes Interesse" ist umfassender als der Begriff „rechtliches Interesse".[1] Letzteres ist nur dann vorhanden, wenn sich die Klagerhebung aus Gründen des ma-

---

[1] Oertmann § 810 Anm. 2.

teriellen oder prozessualen Rechtes nötig macht (cf. §§ 368, 810, 1167, 1267 BGB., § 256 ZPO. usw.)[1] Unter „berechtigtem Interesse" aber ist jedes von der Rechtsordnung anerkannte schutzwürdige Interesse zu verstehen (cf. §§ 343, 824 Abs. 2 BGB., § 14 Abs. 2 UnlWG., § 193 StGB.)[2] Es handelt sich also nicht nur um ein „Vermögensinteresse", aber auch nicht um ein „besonderes Interesse" i. S. z. B. von §§ 542 Abs. 2, 634 Abs. 2 BGB., das lediglich ein subjektives Privatinteresse, also einen noch weiteren Begriff als „berechtigtes Interesse" bedeutet.

Das berechtigte Interesse des Gläubigers kann in seinen persönlichen Verhältnissen oder auf rein wirtschaftlichem Gebiete oder in der besonderen Eigenart seines Anspruchs liegen. Es ist nur dann nicht anzuerkennen, wenn seine Wahrnehmung materiellen Rechtsnormen (z. B. § 226 BGB.) oder den guten Sitten widerstreitet und findet im Rahmen der Geschäftsaufsicht seine Schranke an den besonderen Bestimmungen der VO. oder an dem Zweck der Geschäftsaufsicht. So kann z. B. ein berechtigtes Interesse an der Unterbrechung der Verjährung durch Klagerhebung nicht anerkannt werden, da nach § 7 VO. die Verjährung des Anspruchs während der Geschäftsaufsicht gehemmt ist. Auch die allgemeine Erwägung, daß die vorsorgliche Beschaffung eines Vollstreckungstitels in jedem Falle Vorteil bringe, verleiht kein berechtigtes Interesse.[3] Wollte man anders entscheiden, so würde die Regel des § 12 Satz 1 illusorisch werden. Das berechtigte Interesse muß an der „alsbaldigen" Erlangung des Urteils bestehen. Ein berechtigtes Interesse an der Erlangung eines Urteils überhaupt genügt somit nicht. Die Lage muß so sein, daß dem Gläubiger ein Warten bis zur Beendigung der Geschäftsaufsicht nicht zugemutet werden kann.

2. Die subjektive Klagveranlassung.

In vielen Fällen wird das berechtigte Interesse sich zum rechtlichen Interesse verdichten, so wohl stets dann, wenn in dem Verhalten des Schuldners die Klagveranlassung zu erblicken ist. Das hier nicht ein Verhalten ausreicht, das im Sinne des § 93 ZPO. Klagveranlassung abgibt,

[1] Hallbauer, Recht 1917 S. 106; du Chesne GruchotsBeitr. 51 S. 511.

[2] So Oertmann § 343 Anm. 2. RG. 51, 378 drückt dies mit den Worten aus: „jedes Interesse, dessen Wahrnehmung rechtlich erlaubt ist, das nicht dem Recht oder den guten Sitten zuwiderläuft".

[3] So die amtl. Begründung zu § 12, von fast allen Erläuterern übernommen.

wurde bereits oben S. 32 betont. Unzweifelhaft aber bildet das Bestreiten des Anspruchs durch den Schuldner, ja schon sein Schweigen, wenn der Gläubiger ihn unter Klagandrohung aufforderte, den Anspruch anzuerkennen, subjektive Klagveranlassung.[1] Hat der Schuldner den Gläubiger auf die Weise zur Klagerhebung gedrängt, so kann er naturgemäß nicht durch ein sofortiges Anerkenntnis die Kostenlast auf den Gläubiger abwälzen. Den Schuldner müssen aber auch dann die Kosten treffen, wenn er die Aufforderung des Gläubigers zur Anerkennung zunächst unbeachtet gelassen oder gar bestritten hatte, aber nach Klageinreichung bei Gericht, jedoch noch vor Klagzustellung an ihn, anerkannte. Tatsächlich ist in diesem Falle der durch das Verhalten des Schuldners gegebene besondere Grund zur Klagerhebung im Zeitpunkte der Klagerhebung, d. i. der Zustellung der Klagschrift, weggefallen. Es wäre aber höchst formalistisch, den Gläubiger in diesem Falle mit den Kosten zu belasten. Für die Beurteilung der Frage der Klagveranlassung hat das gesamte Verhalten des Schuldners bis zur Klagerhebung und nicht nur ein einzelner Ausschnitt seines Verhaltens in Betracht zu kommen. Durch sein Verhalten aber hatte der Schuldner den Gläubiger gezwungen, die zur Wahrnehmung seines Rechts erforderlichen Schritte einzuleiten. Und dieses Verhalten bildet selbst dann die Klagveranlassung, wenn der Gläubiger imstande war, nach erfolgter Anerkennung die Klagzustellung noch aufzuhalten; denn wer bürgt dem Gläubiger dafür, daß der Schuldner es mit der Anerkennung ernstlich meinte?

Überhaupt wird die Besorgnis unlauteren Verhaltens, die die außergerichtliche Anerkennung nicht als ausreichend erscheinen läßt, ein berechtigtes Interesse an alsbaldiger Erlangung des Urteils begründen.[2] Es ist nicht von der Hand zu weisen, daß manche Schuldner nur zum Schein anerkennen, um Zeit zu gewinnen, und inzwischen auf Mittel und Wege sinnen, sich ihrer Zahlungspflicht zu entziehen oder gar schon in dieser Richtung tätig werden, z. B. Zeugen beeinflussen oder in sonstiger Weise die Sachlage verdunkeln.

Abgesehen hiervon kann das Verhalten des Schuldners Klagveranlassung bieten, wenn es derart ist, daß es die Aufhebung der Geschäftsaufsicht erheischt, so, wenn er in erheblichem Maße seine

[1] Allgemeine Meinung. S. auch amtliche Begründung zu § 12.

[2] Hierauf weist mit Recht Cahn S. 122 hin. S. auch Jaeger JW. 1917 S. 918.

Pflichten verletzt oder den Interessen der Gläubiger zuwiderhandelt (§ 66 Abs. 2 Nr. 1). Die Aussicht auf die bevorstehende Aufhebung der Geschäftsaufsicht — so z. B. wenn der Schuldner seine Absicht, die Aufhebung zu beantragen (§ 66 Abs. 1) geäußert hat oder wenn sich herausstellt, daß die Voraussetzungen der Zulässigkeit der Geschäftsaufsicht weggefallen sind oder niemals vorgelegen haben (§ 66 Abs. 2 Nr. 2), ferner bevorstehende Verwerfung des Zwangsvergleichs oder Einstellung des Vergleichsverfahrens (§§ 54—58) — gibt dem Gläubiger keinen Klaganlaß i. S. des § 12 Satz 2.[1] Der § 12 ist hier streng auszulegen. Solange die Geschäftsaufsicht noch nicht beendet ist, kann der beteiligte Gläubiger nur unter Kostengefahr die Klage auf Leistung erheben. Rückwirkende Kraft kommt dem Aufhebungsbeschlusse in keinem Falle zu.[2]

Durch die Bestreitung der Aktivlegitimation des Gläubigers im Falle des § 94 ZPO. geht der Schuldner der Wohltat des § 12 Satz 1 nicht verlustig, soweit er den materiellen Anspruch als solchen voll anerkannt hat.

Als klagveranlassendes Verhalten ist es ferner anzusehen, wenn der Schuldner trotz Anweisung der Aufsichtsperson den Gläubiger nicht befriedigt.[3] Zwar vermag der Gläubiger durch die Klage die Befriedigung während der Geschäftsaufsicht nicht zu erzwingen, aber dies ist auch in allen sonstigen Fällen veranlaßter Klage nicht möglich und kein Grund, das berechtigte Interesse des Gläubigers an der rechtskräftigen Feststellung seines Rechts zu leugnen, ihm die Möglichkeit der Zwangsanwendung alsbald nach Beendigung der Geschäftsaufsicht zu rauben. Der mit § 29 erschlossene Weg hilft dem Gläubiger nicht weiter.[4] Betrachtet man den Fall als einen Streitfall über die Verwendung der vorhandenen Mittel und erkennt man an — obwohl die Bestimmung des § 29 dies nicht klar ausspricht —, daß der beteiligte Gläubiger hier die Entscheidung des Aufsichtsgerichts anrufen kann,[5] so hat doch die dem Gläubiger günstige Entscheidung keinen Wert, wenn der Schuldner in seiner Weigerung beharrt. Ein Zwang gegen den Schuldner auf Grund solcher Entscheidung ist nicht vorgesehen

[1] A. M. wohl Jaeger JW. 1917, 918 und Cahn S. 122 a. E.

[2] Jaeger GA. S. 78 N. 3

[3] Bendix LZ. 1917 S. 164; Klimmer § 12 Anm. 2.

[4] A. M. Jaeger JW. 1917, 918.

[5] Dieser Meinung sind Jaeger a. a. O., GA. S. 63; Bovensiepen § 29 Anm. 1 u. Zweigert § 29 Anm. 1.

Allerdings könnte die Aufsichtsperson wohl auf Grund der ihr in § 2 Satz 2 verliehenen Befugnisse die Auszahlung eigenmächtig vornehmen.[1] Aber wenn sie nun bei dem Widerstande des Schuldners nicht in der Lage dazu ist? Wegen dieses Verhaltens des Schuldners die Geschäftsaufsicht aufzuheben, geht wohl zu weit, zumal da ja auch die Interessen der übrigen beteiligten Gläubiger auf dem Spiele stehen. Es genügt völlig, den Schuldner in diesem Falle der Wohltat des § 12 Satz 1 nicht teilhaftig werden zu lassen und sein Verhalten als Klageveranlassung anzusehen. Schon hierdurch wird ein genügender Druck auf ihn ausgeübt, und im übrigen wird er nicht so hart getroffen wie durch die Aufhebung der Geschäftsaufsicht. Bei der Entscheidung der Frage kommt es indessen darauf an, aus welchem Beweggrunde der Schuldner die Zahlung weigert. Handelt er lediglich chikanös, so kann auch die Aufhebung der Geschäftsaufsicht angebracht sein.

Wenn der Schuldner den Anspruch anerkennt, aber die Aufsichtsperson ihn bestreitet — wozu sie, um der Schädigung anderer Gläubiger vorzubeugen, unter Umständen sogar verpflichtet ist (§ 24) —, so hat der Gläubiger ebenfalls Veranlassung zur Klage. Die Klage ist gegen den Schuldner zu richten. Allerdigs muß die Aufsichtsperson hier die Prozeßführung übernehmen, wenn sie die rechtskräftige Anerkennung der von ihr bestrittenen Forderung vermeiden will. Hierzu ist sie auf Grund der ihr in § 2 eingeräumten Befugnis zur gänzlichen oder teilweisen Übernahme der Geschäftsführung berechtigt,[2] bedarf aber der im Wege des § 29 einzuholenden Einwilligung des Aufsichtsgerichts.[3] Übernimmt sie aber die Prozeßführung nicht, so sind dem Gläubiger trotz des sofortigen Anerkenntnisses des Schuldners nicht die Kosten aufzuerlegen,[4] da das Bestreiten der Aufsichtsperson im Hinblick auf die

[1] S. Jaeger GA. S. 29.

[2] Diese Meinung wird vertreten von Jaeger GA. S. 29, 31, 36, 64 u. JW. 1917, 916; Hallbauer LZ. 1917, 115; Klimmer § 2 Anm. V 2c u. 5; Klug S. 55; Zweigert § 2 Anm. 3. Die Prozeßübernahme gegen den Willen des Schuldners wollen nicht zulassen Cahn S. 56 und Levy S. 55.

[3] Der Schuldner bleibt Partei, steht aber einer prozeßunfähigen Person gleich und muß die Prozeßführung der Aufsichtsperson gegen sich gelten lassen (s. § 53 ZPO.). Dies die als zutreffend anzusehende Ansicht Jaegers GA. S. 31 u. JW. 17, 916. A. M. vor allem Cahn, Hallbauer, Klimmer u. Levy a. a. O.

[4] Eine andere Frage ist, ob hier ein pflichtwidriges Verhalten der Aufsichtsperson vorliegt, das sie nach § 24 entweder dem Schuldner für diese Prozeßkosten oder den Gläubigern für den ihnen etwa erwachsenden Schaden verantwortlich macht.

geschäftsaufsichtsmäßige Befriedigung berechtigtes Interesse an der gerichtlichen Feststellung der Forderung begründet.

Im übrigen kann das Verhalten der Aufsichtsperson nicht Klagveranlassung bieten, insbesondere ist ein „besonderer Grund" nicht gegeben, weil die Aufsichtsperson die nach § 3 erforderliche Zustimmung dem zahlungsbereiten Schuldner versagte, oder weil sie eine dem Gläubiger ungünstige Reihenfolge der Befriedigung festsetzte (§ 5), oder weil der Gläubiger nicht in derselben Höhe wie die übrigen Gläubiger bei einer Verteilung vorhandener Mittel berücksichtigt wurde.[1] Hier muß der Gläubiger im Wege des § 29 Abhilfe suchen: Maßnahmen zum Zwecke der Durchführung der Geschäftsaufsicht bieten keine Klagveranlassung i. S. des § 12 Satz 2.

Will der Gläubiger die Kostenfolge abwenden, so hat er zu behaupten, daß das Verhalten des Schuldners seine Klage trotz Bestehens der Geschäftsaufsicht rechtfertigt, und hat dies im Bestreitungsfalle zu beweisen.[2] Die Fassung des § 12 „dies gilt nicht, wenn" folgt dem Sprachgebrauche des BGB., mit dem es die Beweislast andeutet. Der Satz 2 stellt die Ausnahme der Regel des Satz 1 dar. Wer die Ausnahme anruft, hat sie zu beweisen.[3] Erachtet der Richter den Beweis als geführt, so hat er dem Schuldner die Kosten aufzuerlegen. Die subjektive Klagveranlassung i. S. des § 12 Satz 2 begründet die Kostenpflicht des Schuldners nach §§ 91, 93 ZPO.

3. Die „gewöhnliche" objektive Klagveranlassung.

Die Klagveranlassung muß nicht notwendig aus dem Verhalten des Schuldners fließen. Sie kann auch objektiv gegeben sein (s. oben S. 33 ff.). Sie kann in der Eigenart des Gläubigers oder Schuldners oder des Anspruchs oder in dem Zeitpunkte der Klagerhebung oder des zu erwirkenden Urteils liegen.[4] Sie muß nur ungeachtet der Geschäftsaufsicht und der damit verbundenen Gläubigerfürsorge bestehen.[5]

---

[1] S. zu letzterem Jaeger GA. S. 66 N. 46, OLG. Dresden DJZ. 18, 131, LZ. 1917, 1367 Nr. 6, Recht 18 S. 109 Nr. 213, SächsArchR. 18, 49.

[2] So Bovensiepen § 12 Anm. 2, Jaeger GA. S. 66, JW. 17, 918.

[3] Anerkannter Grundsatz der Beweislehre. S. besonders Schmidt S. 487; Stein ZPO. § 282 IV 4b; Weismann I S. 127; RG. 68, 308.

[4] S. hierüber Cahn S. 122.

[5] Jaeger GA. S. 65 N. 46 u. JW. 1917, 918.

Die objektive Klagveranlassung in diesem Sinn wird unbedenklich in folgenden Fällen vorliegen:

a) Der Gläubiger muß Bankkredit in Anspruch nehmen. Als Sicherheit vermag er seiner Bank nur eine größere fällige Forderung gegen den Aufsichtsschuldner anzubieten. Die Bank ist bereit, gegen Abtretung dieser Forderung Kredit zu gewähren, aber unter der Voraussetzung, daß die Forderung vom Schuldner gerichtlich anerkannt worden ist.[1]

b) Der Gläubiger will die Zuständigkeit eines bestimmten Gerichts festlegen (§ 263 Nr. 2 ZPO.), da die Rechtsverfolgung infolge einer in Aussicht genommenen Verlegung des Wohnsitzes des Schuldners wesentlich erschwert zu werden droht.

Überhaupt kann der Gesichtspunkt einer Erschwerung späterer Rechtsverfolgung für die Frage objektiver Klagveranlassung bedeutungsvoll sein. Wenn die Besorgnis begründet ist, daß Beweismittel verloren gehen oder die Benutzung derselben erschwert wird, wird man den Gläubiger nicht auf das Verfahren zur Sicherung des Beweises (§§ 485 ff. ZPO.) verweisen können, abgesehen davon, daß dieses Verfahren nicht allen Beweismitteln dient und der prozessualen Beweisaufnahme nicht gleichwertig zu erachten ist. Die Aussicht auf die geschäftsaufsichtmäßige Befriedigung kann nur dann die Klagveranlassung in diesen Fällen ausschließen, wenn die Befriedigung bestimmt zu erwarten ist.

c) Im Falle der subjektiven Klagenhäufung zur Vermeidung doppelter Prozesse und zur Ersparnis an Zeit, Mühe und Kosten. Der Gläubiger klagt gegen den Aufsichtsschuldner, der Mitwechselverpflichteter (§§ 49, 81 WO.) ist oder aus gemeinschaftlichem Vertrag (§ 427 BGB.) oder gemeinschaftlichem Delikt (§ 830 BGB.) mithaftet, als Streitgenossen.

[1] In diesem Falle ist nicht etwa die Feststellungsklage ausreichend und im Hinblick auf § 12 VO. geboten; sie ist vielmehr unzulässig. Wenn sie auch gegenüber der Leistungsklage nicht subsidiär ist, so fehlt es doch an dem für gesonderte Feststellung erforderlichen Rechtsschutzbedürfnis, denn die Leistungsklage ist ja auch während und trotz der Geschäftsaufsicht statthaft. Wollte man den Gläubiger zur Vermeidung der Kostenlast auf den Weg der Feststellungsklage drängen, so müßte später zur Erlangung des Vollstreckungstitels unter Umständen doch noch die Leistungsklage erhoben werden. Diese Verdoppelung des Prozesses aber läuft dem Interesse des Schuldners zuwider. S. hierzu Stein ZPO. § 256 III 5 und die dort angeführten Schriftsteller und Entscheidungen. Sieht man dagegen die Leistungsklage in diesem Falle als objektiv veranlaßt an, so ist beiden Teilen gedient. Wie im Text auch Hallbauer, Recht 1917 S. 106 und Klimmer § 12 Anm. 2.

Dies muß für einfache und notwendige Streitgenossenschaft gelten, besonders aber dann, wenn auf Seite der Beklagten ein Gesamthandverhältnis vorliegt, z. B. wenn der Aufsichtsschuldner als Mitglied einer Gesellschaft nach bürgerlichem Recht wegen einer Forderung gegen die Gesellschaft mitverklagt wird (§ 736 ZPO.).[1]

d) Auch das Interesse an einer Streitverkündung (§ 72 ZPO.) kann die Klage objektiv veranlaßt erscheinen lassen. Die außergerichtliche Anerkennung bürgt dem Gläubiger nicht für den günstigen Ausgang des späteren Rechtsstreits. Der Zeitverlust aber kann im Hinblick auf die Verhältnisse des Dritten, an den der Gläubiger sich bei ungünstigem Ausgang des Rechtsstreits halten will, den Gläubiger bedeutendem Nachteil aussetzen.

e) Der Gläubiger will durch Klagerhebung eine Verstärkung der Haftung des Schuldners herbeiführen, z. B. bei einem Bereicherungsanspruch (s. §§ 818 Abs. 4 i. Verb. m. 291, 292, 987, 989 BGB.).

f) Im Falle der Klage auf Erhöhung einer rechtskräftig zuerkannten oder in gerichtlichem Vergleich oder in vollstreckbarer Urkunde übernommenen[2] Geldrente (§ 323 ZPO. i. Verb. m. §§ 843 ff., 1301, 1601 ff. BGB., § 7 HaftpflG.). Allerdings wird diese sog. „Umwandlungsklage" während der Geschäftsaufsicht regelmäßig nicht auf die erhöhte Leistungsfähigkeit des Schuldners gestützt werden können. Denkbar ist dies jedoch z. B. im Hinblick auf die gegenwärtig ständig steigenden Löhne und Gehälter. Weitaus häufiger wird indessen die Bedürftigkeit des Klägers[3] oder allgemeine Verhältnisse, wie z. B. zunehmende Teuerung, Geldentwertung, Arbeitsmangel, die Klage auf Erhöhung der Rente rechtfertigen. Wenn man auch diese Klage, die an sich Rechtsgestaltungsklage ist, den Leistungsklagen i. S. des § 12 zurechnen muß — s. oben S. 23 Anm. 2 —, so ist ihre Erhebung doch nicht

---

[1] Wer hier notwendige Streitgenossenschaft in dem Sinne annimmt, daß bei Gefahr der Abweisung der Klage wegen mangelnder Sachlegitimation die Klage gegen alle Verpflichtungen gerichtet werden muß — so u. a. Schmidt S. 851, Hellwig, Anspr. 201 f., Weismann I, 468, dagegen z. B. Stein ZPO. § 62 III 1 — muß die Klage sogar als objektiv veranlaßt i. S. v. unten 4 S. 52 ff. ansehen.

[2] S. den durch Ges. v. 13. 8. 19 (RGBl. 1448) dem § 323 ZPO. angefügten Abs. 4.

[3] Dieser Gesichtspunkt kommt allerdings nach dem HaftpflG. nicht in Frage, s. Stein ZPO. § 323 II 3.

ohne weiteres mit dem Kostenrisiko des § 12 Satz 1 verbunden. Denn da nach § 323 Abs. 3 ZPO. für den Eintritt der Erhöhung der Rente der Zeitpunkt der Klagerhebung maßgebend ist, das Urteil also nur bis zu diesem Zeitpunkt zurückwirkt und eine weitere Nachforderung für die Vergangenheit ausgeschlossen ist, so hat der Gläubiger ein berechtigtes Interesse an der Klagerhebung und somit objektive Klagveranlassung. Der Schuldner wird jedoch in diesem Fall die Kosten nur dann zu tragen haben, wenn er durch sein Verhalten die Klage subjektiv veranlaßte, denn der Gläubiger muß zuvor an den Schuldner herantreten, zumal da jetzt vollstreckbare Urkunde dem Urteil in diesem Falle gleichsteht (§ 323 Abs. 4).

g) Hierher gehört ferner der unten B S. 58 erörterte Fall.

h) Dagegen liegt nicht nur objektive Klagveranlassung, sondern ein Zusammentreffen objektiver und subjektiver Klagveranlassung vor bei den Ansprüchen auf Ersatz des ideellen Schadens (§§ 847, 1300 BGB.), deren Übertragbarkeit und Vererblichkeit an die vertragsmäßige Anerkennung oder an die Rechtshängigkeit geknüpft ist. Soweit der Aufsichtsschuldner die vertragsmäßige Anerkennung, d. h. ein Schuldanerkenntnis nach § 780 BGB., verweigert, gibt er subjektive Klagveranlassung. Das rechtliche Interesse des Gläubigers an der Perpetuierung des Klagrechts begründet daneben objektive Klagveranlassung.[1] Ausschlaggebend für die Kostenentscheidung ist die subjektive Klagveranlassung. Da der Gläubiger sein Ziel schon mit vertragsmäßiger Anerkennung erreichen kann, wird er die Kosten tragen müssen, wenn er den Schuldner nicht zuvor zu solcher Anerkennung aufforderte.

Keine objektive Veranlassung zur Klage gegen den Aufsichtsschuldner ist das beabsichtigte Vorgehen gegen dessen Bürgen.[2] Diejenigen, die dem Bürgen des Aufsichtsschuldners die Einrede der Vorausklage (§ 771 BGB.) versagen,[3] müssen schon aus diesem Grunde die objektive Klagveranlassung verneinen. Die Vertreter dieser Ansicht

[1] Die Perpetuierung des Klagrechts allein hebt Hallbauer hervor, Recht 17, 106.

[2] Vorausgesetzt ist hierbei, daß der Bürge nicht auf die Einrede der Vorausklage verzichtet hat (§ 773 Nr. 1 BGB).

[3] So Bovensiepen Vorbem. vor §§ 9—11 S. 54, Klimmer § 2 Anm. VIc, Sintenis S. 367, Wassermann-Erlanger S. 245, OLG. Hamburg. Recht 1915 S. 453 Nr. 797, Recht 1916 S. 403 Nr. 789, OLG. 32, S. 286; OLG. Karlsruhe DJZ. 1916 S. 1002, Recht 1916 S. 592 Nr. 1128; unentschieden Klien § 6 Anm. 4.

folgern aus der Tatsache der Geschäftsaufsicht, daß eine Zwangsvollstreckung in das Vermögen des Schuldners zufolge seiner Zahlungsunfähigkeit (bzw. Überschuldung) nicht zur Befriedigung des Gläubigers führen werde (§ 773 Abs. 4 BGB.). Das ist nicht richtig. Zahlungsunfähigkeit bzw. Überschuldung und voraussichtliche Ergebnislosigkeit der Zwangsvollstreckung decken sich nicht, wie sich aus einem Vergleich der Nr. 3 u. Nr. 4 des § 773 BGB. ergibt.[1]

Zahlungsunfähigkeit besagt nur, daß der Schuldner aus andauerndem Geldmangel seinen sofort zu erfüllenden Verbindlichkeiten nicht nachkommen kann. Überschuldung[2] besagt nur, daß die Passiven den Wert der vorhandenen Aktiven überwiegen. In beiden Fällen ist nicht gesagt, daß nicht einmal Werte, aus denen sich ein einzelner Gläubiger befriedigen kann, vorhanden sind. Außerdem kann ja im maßgeblichen Zeitpunkte durch die Geschäftsaufsicht bereits eine Besserung der wirtschaftlichen Lage des Schuldners eingetreten sein.

Der § 773 Nr. 3 BGB. ist nicht analog anwendbar. Die Geschäftsaufsicht steht im Gegensatz zum Konkurs. Die mannigfachen Nachteile des Konkurses sollen durch die Geschäftsaufsicht gerade vermieden werden. An dem Grundsatz, daß der Bürge dem Gläubiger erst in zweiter Linie haftet, und daß er die Befriedigung des Gläubigers verweigern kann, solange dieser nicht eine Zwangsvollstreckung gegen den Schuldner erfolglos versucht hat, zu rütteln, liegt keine Notwendigkeit vor. Der Sinn des §771 BGB. ist, daß der Bürge nur haftet, wenn der Gläubiger tatsächlich auf keine Weise Befriedigung vom Schuldner erlangen kann. Ob und wie der Gläubiger während der Geschäftsaufsicht Befriedigung erlangt, steht noch dahin. Der Verlauf der Geschäftsaufsicht und vor allem des etwaigen Zwangsvergleichsverfahrens ist abzuwarten. Im übrigen schützt den Gläubiger § 60 Abs. 2 VO. — Ist somit dem Bürgen die Einrede der Vorausklage nicht zu versagen,[3] so liegt dennoch kein Anlaß zur Klage gegen den

[1] Jaeger GA. S. 70 N. 52.

[2] Diese ist Geschäftsaufsichtsgrund für die Aktiengesellschaft, Kommandit-Aktiengesellschaft, Ges. m. b. H., eingetr. Genossenschaft, anderen juristischen Personen, nicht rechtsfähigen Vereine, für den Nachlaß und das Gesamtgut bei fortgesetzter Gütergemeinschaft, vgl. §§ 1 Satz 2, 72, 73 VO.; §§ 207, 209 Abs. 1 Satz 2, 213, 236 KO.; § 63 GmbHG.

[3] Ebenso Jaeger JW. 1917 S. 918 N. 8 und der dort verdruckte Verweis GA. (nicht JW.) S. 70 N. 52. Im Ergebnis ebenso Cahn S. 96.

Schuldner vor. Denn mit dieser Klage kann der Gläubiger zwar einen Vollstreckungstitel erlangen, aber den Nachweis, daß die Zwangsvollstreckung erfolglos war, kann er wegen des Zwangsvollstreckungsverbotes (§ 6 Abs. 2) nicht erbringen. Die Klage gegen den Schuldner schafft dem Gläubiger somit nicht freie Bahn zum erfolgreichen Vorgehen gegen dessen Bürgen. Mithin kann die Absicht solchen Vorgehens objektive Klagveranlassung nicht abgeben.[1]

Zu demselben Ergebnis gelangt man, wenn man dem in der Entscheidung des Reichsgerichts vom 28. 9. 20 entwickelten, im übrigen nicht unanfechtbaren Gedankengange folgt.[2] Darnach liegt zwar nicht dem Wortlaut, aber der Tatsache nach bei der Geschäftsaufsicht eine Stundung der Forderung gegen den Aufsichtsschuldner vor. Für die Verpflichtung des Bürgen ist der jeweilige Bestand der Hauptverbindlichkeit maßgebend. Läge eine vom Gläubiger gewährte Stundung vor, so könnte der Bürge die Einrede der Stundung vorbringen (§§ 767, 768 BGB.). Gewährt das Gesetz dem Schuldner Stundung, muß sich auch der Bürge hierauf berufen können.[3] Verspricht somit das sekundäre Vorgehen gegen den Bürgen keinen Erfolg, so liegt auch kein Anlaß zum primären Vorgehen gegen den Schuldner vor.

Auch das AnfG. vom 21. 7. 79 i. d. F. v. 20. 5. 98 bietet keine Basis für die objektive Veranlassung einer Klage gegen den Aufsichtsschuldner. Da dem beteiligten Gläubiger die Einzelanfechtung versagt ist,[4] so ist die zum Zwecke der Einzelanfechtung gegen den Schuldner erhobene Klage nicht objektiv veranlaßt, ganz abgesehen davon, daß der Gläubiger mit dieser Klage die Voraussetzung erfolg-

---

[1] A. M. Klimmer § 12 Anm. 2.

[2] RG. 100 S. 65.

[3] A. M. Cahn S. 96 mit der unbegründeten Behauptung, daß durch die Verhängung der Geschäftsaufsicht über das Vermögen des Schuldners der Anspruch gegen den Bürgen „fällig" würde. Dies trifft hier ebensowenig wie im Konkursfalle zu, s. Jaeger KO. § 65 Anm. 4; RG. 3, 357; OLG. 6, 365.

[4] Dies ergibt sich aus § 75 VO., s. auch die amtl. Begründung dazu und ferner Bovensiepen § 6 Anm. 5; Cahn S. 99; Jaeger GA. 69/70 u. JW. 1917 S. 919; Klien § 75 Anm. 2; Klimmer § 6 IVc, § 12 Anm. 1, § 75 Anm. I 1, Klug S. 84; Levy S. 87, 127; Wassermann-Erlanger S. 242; Weill S. 43; Zweigert § 6 Am. 2. A. M. unter der Herrschaft der ersten VO. Breit JW. 15, 172, u. KG. in OLG. 32, 283; Hallbauer SächsArchR. 1914, 331; Sieskind § 7 Anm. 22; Sintenis S. 370.

loser Zwangsvollstreckung nicht erfüllen kann und hier ebenso wie bei der oben behandelten Frage der Bürgschaft auch die Annahme fruchtloser Zwangsvollstreckung nicht zutreffend ist.

Die Meinung Hallbauers,[1] daß der Ablauf einer Ausschlußfrist die Leistungsklage veranlassen könnte, deckt nur einen kleinen Kreis seltener Leistungsklagen. Grundsätzlich verjähren die Ansprüche auf Leistung, aber sie erlöschen nicht durch Zeitablauf wie sonstige rechtliche Befugnisse (z. B. §§ 124, 503, 649, 1944, 1994 BGB.). In den vereinzelten Fällen, in denen ein Leistungsanspruch an eine Ausschlußfrist gebunden ist, handelt es sich zumeist um Ansprüche, die sich lediglich gegen die Person des Schuldners richten und daher vom Geschäftsaufsichtsverfahren überhaupt nicht betroffen werden (s. oben § 3 I S. 17) z. B. in den Fällen der §§ 864, 1004, 1027 BGB. Es sind aber gleichwohl Fälle denkbar, in denen eine unter § 12 VO. fallende Leistungsklage durch den drohenden Ablauf einer Ausschlußfrist objektiv veranlaßt ist (s. z. B. §§ 529, 977, 1002 BGB). In der Hauptsache hat die Ausschlußfrist für Rechtsgestaltungsklagen Bedeutung (z. B. §§ 586, 958, 1044 ZPO.). Bei Rechtsgestaltungsklagen, die sinngemäß den Leistungsklagen des § 12 VO. gleichzustellen sind, kann der Ablauf einer Ausschlußfrist als objektive Klagveranlassung in Frage kommen, aber es handelt sich dann nicht um einen Fall der „gewöhnlichen", sondern der „besonderen" objektiven Klagveranlassung (siehe unten 4 b S. 53f.).

Ob eine objektive Klagveranlassung vorliegt, hat im übrigen der Richter von Fall zu Fall zu prüfen. Feste Regeln lassen sich hier ebensowenig wie bei der Frage der subjektiven Klagveranlassung aufstellen. Die von Cahn (a. a. O. S. 122) als „lax und kautschukartig" getadelte Fassung des Gesetzes birgt die Gefahr einer schwankenden Rechtsprechung. Andererseits ist es ein großer Vorzug, daß das Gesetz sich den Bedürfnissen der Praxis anschmiegen läßt, daß „dem verständigen Richterermessen" der nötige Spielraum belassen ist.[2]

Wie oben S. 33/34 ausgeführt, hat das Vorliegen der objektiven Klagveranlassung nur die Bedeutung, daß den Gläubiger nicht nach § 12 Satz 1 die Kosten treffen. Es hat vielmehr sein Bewenden bei

[1] Recht 1917 S. 106 u. BankA. 1916/17 S. 133.

[2] Jaeger JW. 1917, 918.

der allgemeinen Vorschrift des § 93 ZPO. Wie auf die subjektive Klagveranlassung hat sich der Gläubiger, wenn er der Kostenlast entgehen will, auf die objektive Klagveranlassung zu berufen und diese gegebenenfalls zu beweisen. Gelingt ihm dieser Beweis nicht, so ist er kostenpflichtig nach § 12 Satz 1. Andererseits kann der Schuldner behaupten, daß er dem Gläubiger keine subjektive Klagveranlassung im Sinne des § 93 ZPO. gegeben habe,[1] und muß diese Negative als den Ausnahmetatbestand von der Regel des § 91 ZPO. beweisen. Beruft sich der Schuldner nicht auf § 93 ZPO. oder gelingt ihm der Beweis nicht, so hat er die Kosten zu tragen. Gelingt ihm der Beweis, so ist der Gläubiger nach § 93 ZPO. trotz § 12 Satz 2 kostenpflichtig, denn die „gewöhnliche" objektive Klagveranlassung im Rahmen des § 12 hat nur die Bedeutung, daß der Gläubiger nicht nach § 12 Satz 1 ohne weiteres kostenfällig ist. Da aber nach § 93 ZPO. Inverzugsetzung genügt, so wird der Gläubiger auch bei gewöhnlicher objektiver Klagveranlassung regelmäßig kostenfrei sein.

4. Die „besondere" objektive Klagveranlassung.

Im Gegensatz zu der gewöhnlichen objektiven Klagveranlassung steht die oben S. 34ff. gekennzeichnete besondere objektive Klagveranlassung, bei deren Vorliegen eine Verurteilung des Gläubigers in die Kosten unter allen Umständen ausgeschlossen ist. Auf die objektive Klagveranlassung in diesem Sinne braucht sich der Kläger nicht zu berufen. Der Richter hat sie von Amts wegen zu berücksichtigen und ungeachtet des vorprozessualen Verhaltens des Beklagten und seines Anerkenntnisses, das in diesen Fällen überhaupt nicht die Urteilsgrundlage bildet, dem Beklagten die Kosten aufzuerlegen.

Es seien im folgenden beispielsweise — nicht erschöpfend — einige Fälle solcher besonderer objektiver Klagveranlassung aufgeführt:

a) Die Klage auf Erlaß eines Vollstreckungsurteils (§§ 722, 1042 ZPO.)[2] dient nicht lediglich der Durchführung des Schiedsspruchs bzw. des ausländischen Urteils im Wege des Zwangs. Wäre dies der Fall, so hätte angesichts der Unzulässigkeit der Zwangsvollstreckung während

---

[1] Das Bestreiten der objektiven Klagveranlassung schadet im Falle ihres Bestehens dem Schuldner nicht, wenn er nur den materiellrechtlichen Anspruch sofort anerkennt.

[2] S. oben S. 22.

der Geschäftsaufsicht der Gläubiger die Kosten der Klage auf Erlassung des Vollstreckungsurteils zu tragen, da in diesem Falle eine Veranlassung zur Klage nicht anzuerkennen wäre. Tatsächlich aber hat das Vollstreckungsurteil eine größere Tragweite.

Das Vollstreckungsurteil aus § 1042 ZPO. ist erforderlich, um dem Schiedsspruch die vollen Wirkungen eines rechtskräftigen Urteils und damit bindende Kraft für die Parteien zu verleihen. Der Gläubiger bedarf seiner nicht nur, um die Grundlage für die Zwangvollstreckung, sondern auch um die Grundlage für die realen Urteilswirkungen zu gewinnen,[1] aber auch um sich gegen eine künftige Geltendmachung von Aufhebungsansprüchen (§ 1043 ZPO.) zu sichern. Aus diesen Gründen hat der Kläger objektiv Veranlassung zur Klage. Das Verhalten des Beklagten ist hierbei völlig bedeutungslos.[2] Er kann — mag er auch das Recht des Klägers in vollem Umfange anerkennen — seiner Verurteilung in die Kosten nicht entgehen. Daß die Klage zulässig ist, ist Ausfluß eines besonderen Rechtsschutzbedürfnisses; daß aber der Kläger die Kosten in keinem Falle zu tragen hat, ist Ausfluß der hier vorliegenden besonderen objektiven Klagveranlassung.

Ebenso verhält es sich mit der Klage auf Erlaß des Vollstreckungsurteils aus ausländischem Urteil (§ 722 ZPO.). Der Kläger bedarf hier des Vollstreckungsurteils, damit das ausländische Urteil die Anerkennung der inländischen Staatsgewalt und die Wirkungen eines inländischen Urteils erlangt. Hierin ruht die besondere objektive Klagveranlassung[3].

b) Die Gefahr des Ablaufs einer Frist zur Erhebung einer Klage bietet eine besondere objektive Klagveranlassung, so z. B. bei der Nichtigkeits- und Restitutionsklage (§ 579 u. 580 ZPO.)[4] die Gefahr des Ablaufs der in § 586 Abs. 1 ZPO. bestimmten Notfrist, wenn diese Klagen gegen ein auf Leistungsklage hin ergangenes Urteil vom unterlegenen Kläger erhoben werden. Dringt der Kläger mit der Klage

---

[1] So für Eintragungen im Grundbuch, zur Herbeiführung der Urteilsfolge nach § 894 ZPO. nach Beendigung der GA. usw. s. Stein Vorbem. vor § 704 III.

[2] Wie im Text Stein § 1042 I, § 93 IV, § 307 III; Thiesing JW. 08, 441; RG. 16, 420; OLG. Celle Recht 08, 400 u. OLG. 17, 117; OLG. Kiel OLG. 13, 251. A. M. Hallbauer Recht 1917, 107.

[3] Stein § 722 I 2; RG. 16, 422/423. Hervorzuheben ist, daß es sich zur Anwendung des § 12 um eine aus dem Vermögen des Schuldners zu bewirkende Leistung handeln muß, da sonst der Kläger nicht zu den beteiligten Gläubigern zählt.

[4] S. oben S. 23 Anm. 2.

durch, so treffen ihn nicht etwa aus dem Grunde die Kosten der Klage, weil der Schuldner die Klage nicht subjektiv veranlaßt habe. Das Verhalten des Schuldners scheidet vollkommen aus. Ein etwaiges Anerkentnis des Schuldners ist, wenn zur Hauptsache ueu verhandelt wird, ohne Einfluß auf die Entschetdung in der Hauptsache.[1] Es ist ebenso bedeutungslos für die Kostenentscheidung.

Die Frage hat lediglich theoretische Bedeutung, denn man gelangt zu demselben Ergebnis, wenn man von dem formell vorliegenden neuen Rechtsstreit absieht und die Klage der Sache nach als Rechtsmittel im weiteren Sinn beurteilt. Denn dann ist hier keine neue Klage erhoben, sondern es handelt sich um schwebenden Rechtsstreit, auf den die Geschäftsaufsicht ohne Einfluß ist. Will man aber die Klage nicht den Leistungsklagen i. S. des § 12 gleichstellen, weil es sich um eine Rechtsgestaltungsklage handele, so ist auch für die Anwendung des § 93 ZPO. kein Raum, denn auf das subjektive Verhalten des Schuldners kommt es nicht an. Hier zeigt sich auch außerhalb des Bereichs des § 12 die Bedeutung der besonderen objektiven Klagveranlassung.

Hierher gehört auch der Fall, daß der Gläubiger vor der Anordnung der Geschäftsaufsicht einen Arrestbefehl erwirkt hat und nun nach der Anordnung der Geschäftsaufsicht binnen der vom Arrestgericht bestimmten Frist die Klage in der noch nicht anhängigen Hauptsache erhebt (§ 926 Abs. 1 ZPO.).

c) Liegt eine notwendige Streitgenossenschaft in dem Sinne vor, daß nach materiellem Rechte der Gläubiger den Aufsichtsschuldner mit anderen Personen zusammen gemeinschaftlich verklagen muß, so hat der Gläubiger besondere objektive Klagveranlassung zur Klage gegen den Aufsichtsschuldner, da er sonst mit seiner Klage mangels Passivlegitimation abgewiesen werden mußte (s. oben S. 47 Anm. 1).

Anders verhält es sich mit der Klage auf Erteilung der Vollstreckungsklausel (§ 731 ZPO.), die nach dem oben S. 22 Ausgeführten wie eine Leistungsklage zu behandeln ist.

Die Vollstreckungsklausel bezeugt die Vollstreckbarkeit des Titels, sei er gerichtliche Entscheidung oder vertragsmäßiger Schuldtitel (§§ 724, 725, 704, 794, 795 ZPO.). Sie ist Voraussetzung der Anrufung der Vollstreckungsbehörde, aber noch nicht der Beginn der Zwangsvoll-

[1] Stein § 579 IV, § 581 III, § 307 III.

streckung selbst. Auf ihre Erteilung hat der Gläubiger ein Recht. Sie ist daher auch während der Geschäftsaufsicht des Schuldners nicht zu versagen.[1] Hieraus folgt, daß auch die Klage auf Erteilung der Vollstreckungsklausel, wenn der Gläubiger die nach §§ 726 Abs. 1, 727ff. ZPO. erforderlichen Nachweise nicht führen kann, unbedingt zulässig ist. Auch bei dieser Klage kommt es weder für die Entscheidung der Hauptsache noch für die Entscheidung über die Kosten auf das Anerkenntnis des Beklagten an. Es ist wirkungslos.[2] Trotzdem ist hier nicht eine besondere objektive Klagveranlassung gegeben. Vielmehr muß der Schutz des § 12 Satz 1 dem Schuldner zuteil werden. Denn die Klage bezweckt lediglich, das Schlußglied in die Kette der Voraussetzungen der Zwangsvollstreckung zu fügen. Die Zwangsvollstreckung selbst ist jedoch nicht statthaft. Bei dieser Sachlage hat der Gläubiger kein berechtigtes Interesse an der Erlangung der Vollstreckungsklausel, also weder gewöhnliche noch besondere objektive Klagveranlassung. Es ist, zumal da er den vollstreckbaren Schuldtitel bereits erworben hat, nicht einzusehen, warum er die Erteilung der Vollstreckungsklausel im Klagewege durchsetzen müßte und nicht die Beendigung der Geschäftsaufsicht abwarten könnte Jedenfalls kann er diese Klage auf Erteilung der Vollstreckungsklausel nur auf eigene Kosten erheben. Rechnet man diese Klage, obwohl sie Rechtsgestaltungsklage ist, zu den von § 12 betroffenen Klagen, so muß man notwendig zu dieser Folgerung gelangen.

Hiermit ist indessen nicht gesagt, daß den auf Erteilung der Vollstreckungsklausel klagenden Gläubiger stets und unter allen Umständen die Kosten treffen müßten. Es ist immerhin denkbar, daß zufolge von Einwendungen des Schuldners gegen die Zulässigkeit der Vollstreckungsklausel[3] die Klage als subjektiv veranlaßt anzusehen ist.

Sollte der Gläubiger aber in der Lage sein, die für Erteilung der Vollstreckungsklausel erforderlichen Nachweise zu führen, so ist seine Klage mangels Rechtsschutzbedürfnisses abzuweisen, nicht aber ist ihr unter Belastung des Gläubigers mit den Kosten stattzugeben.

---

[1] Gilbert Recht 1915, 187; Wasserman-Erlanger S. 243.

[2] Stein ZPO. § 307 III.

[3] Stein ZPO. vor § 253 IV 2c, § 731 I u. Vorausf. d. R. S. 150. A. M. Hellwig S. 362/363; Weismann II S. 45.

B. Die Unkenntnis der Geschäftsaufsicht.

Die zweite Ausnahme von der Regel des § 12 Satz 1 ist gegeben, wenn der Gläubiger bei der Erhebung der Klage die Geschäftsaufsicht nicht kannte. In diesem Falle ist es offensichtlich, daß die Ausnahme nur auf den Satz 1 gemünzt ist und nicht etwa positiv besagt, daß dem Schuldner die Kosten aufzuerlegen seien.[1] Welche Partei die Kosten zu tragen hat, hängt vielmehr davon ab, ob der Schuldner durch sein Verhalten Veranlassung zur Klage nach § 93 ZPO. gegeben hatte.[2]

Die Unkenntnis der Geschäfsaufsicht muß „bei der Erhebung der Klage" vorhanden gewesen sein, also im Zeitpunkte der Zustellung der Klagschrift an den Schuldner (s. oben S. 31). Erlangt der Gläubiger nach diesem Zeitpunkte, aber noch vor dem Termin zur mündlichen Verhandlung Kenntnis von der über den Schuldner verhängten Geschäftsaufsicht, so treffen ihn bei sofortigem Anerkenntnis des Schuldners nicht etwa deswegen die Kosten, weil er seinen Klagantrag aufrecht erhält, auch nicht insoweit, als sie vom Augenblick der Kenntnisnahme an entstanden sind.[3] Dies folgt aus dem klaren Wortlaut der Vorschrift, die nur an die Klagerhebung und nicht die Klagaufrechterhaltung trotz Kenntnis der Geschäftsaufsicht die Kostenfolge des Satz 1 knüpft. Entscheidet man anders, so muß man folgerecht auch an die Aufrechterhaltung des Klagantrags trotz erlangter Kenntnis im schwebenden Rechtsstreit die Kostenfolge knüpfen. Überdies bezweckt der § 12 doch nur, den Schuldner vor unnötigen Kosten zu bewahren, und unterbindet nicht die Leistungsklage. Die Kosten aber muß der Schuldner auch tragen, wenn der Gläubiger den Klagantrag nicht aufrecht erhält. Es ist also bei dieser Auffassung nichts gewonnen, wohl aber der Wortlaut des Gesetzes vergewaltigt und das Recht des Gläubigers geschmälert.

---

[1] Dies scheint Cahn S. 121 irrtümlicherweise anzunehmen.

[2] Abgesehen natürlich auch hier von der „besonderen" objektiven Klagveranlassung.

[3] Ein Fall der Kostenteilung i. S. des § 92 Abs. 1 liegt nicht vor, da der Schuldner völlig und nicht nur teilweise unterliegt. Die willkürliche Trennung der Kosten aber widerstreitet dem Grundsatz von der Einheit der Prozeßkostenlast. Jaeger LZ. 1919, 982f. in Übereinstimmung mit der dort besprochenen Entscheidung des KG., ferner in KO. § 10 Anm. 28, § 59 Anm. 2; Stein ZPO. § 91 V, § 92 I.

Nicht so einfach ist die Frage, wenn der Gläubiger zwischen der Einreichung der Klagschrift zum Zwecke der Terminsbestimmung bei Gericht und der Zustellung an den Schuldner Kenntnis von der Geschäftsaufsicht erlangt. Hier ist die Klage in Kenntnis der Geschäftsaufsicht „erhoben". Soweit der Gläubiger die Zustellung der Klagschrift (des Klageprotokolls, §§ 496 Abs. 2, 498 ZPO.) noch verhindern konnte, aber nicht verhinderte, ist es zu billigen, daß er die Kosten der Klage tragen muß. Soweit er aber beim besten Willen die Klagzustellung nicht mehr aufhalten konnte, etwa weil er zu spät von der Anordnung der Geschäftsaufsicht erfuhr oder aus besonderem Grunde tatsächlich nicht in der Lage dazu war, ist es äußerst ungerecht, ihn mit den Kosten zu belasten.[1] Versteift man sich auf den Standpunkt, daß der Gläubiger — weil er im Zeitpunkt der Klagerhebung Kenntnis von der Geschäftsaufsicht hatte — die Kosten tragen müsse, so erleidet er unverschuldet Schaden und hat keine Möglichkeit, diesen Schaden abzuwenden. Weder Beschränkung des Klagantrags auf die Kosten[2] noch Klagrücknahme (§ 271 Abs. 3 ZPO.) können ihm helfen.[3] Eine Kostenteilung in dem Sinne, daß dem Gläubiger seine Auslagen an

---

[1] Vorausgesetzt ist hierbei, daß der Gläubiger subjektive Klagveranlassung i. S. des § 93 hatte. Hatte er diese nicht, so treffen ihn nach § 93 ZPO. unabhängig von der Frage der Kenntnis der GA. die Kosten. Hatte er dagegen die stärkere subjektive Klagveranlassung i. S. des § 12 Satz 2, weigerte z. B. der Schuldner die Anerkennung der fälligen Forderung, so treffen den Schuldner trotz sofortigen Anerkenntnisses die Kosten nach § 93 ZPO. und es kommt wieder auf die Kenntnis des Gläubigers von der GA. nicht an.

[2] S. Stein ZPO. § 91 II.

[3] Es sei hier gestreift, daß der nach § 12 Satz 1 in die Kosten verurteilte Gläubiger nicht etwa in einem besonderen Prozeß einen materiellrechtlichen Anspruch auf Ersatz dieser Kosten verfolgen kann. Eine solche Klage ist zwar aus dem Gesichtspunkte des Schadensersatzes an sich zulässig, wenn z. B. der Kläger kostenpflichtig abgewiesen worden ist, weil er noch vor der Klagzustellung befriedigt wurde, soweit ein Verschulden des Beklagten — etwa Verzug oder unerlaubte Handlung — vorlag; s. Stein vor § 91 III, § 91 II, RG. 66 S. 198. Im Fall des § 12 aber wäre eine solche Klage nicht begründet. Denn die Kostenlast trifft den Gläubiger unabhängig von einem Verschulden des Beklagten auf Grund positiver gesetzl. Bestimmung. Für den dem Gläubiger erwachsenen Schaden war nicht das Verhalten des Schuldners, sondern sein eigenes Verhalten kausal. Nur wenn der Schuldner die Geschäftsaufsicht bewußt verschwieg, um dem Gläubiger den Kostenschaden zuzufügen, ist auch hier eine Schadensersatzklage möglich (§ 826 BGB.).

Gericht, Anwalt und Gerichtsvollzieher, die bis zum Zeitpunkt seiner Kenntnisnahme entstanden waren, zu erstatten sind,[1] ist aus dem oben S. 56 Anm. 3 dargelegten Grunde nicht angängig.

Der § 12 zwingt indessen nicht, dem Gläubiger die Kosten aufzuerlegen. Satz 2 sagt nur, daß den Gläubiger die Kosten nicht ohne weiteres treffen, wenn er die Geschäftsaufsicht nicht kannte. Damit ist aber nicht gesagt, daß ihn die Kosten stets treffen müßten, wenn er im Augenblick der Klagzustellung Kenntnis von der Geschäftsaufsicht hatte. Wohl müssen ihn die Kosten treffen, wenn er trotz Kenntnis der Geschäftsaufsicht die Initiative ergreift, wenn er mit der Klagzustellung die Rechtsverfolgung will. Nicht aber kann dem formellen Akt der Klagzustellung, wenn er ohne oder sogar gegen den Willen des Gläubigers erfolgt, eine höhere Bedeutung zukommen als dem Willen des Gläubigers selbst. Beweist der Gläubiger, daß er alles getan hatte, was in seiner Macht stand, die Klagzustellung zu verhüten, so muß er von den Kosten verschont bleiben, wenn er bei Einreichung oder Anbringung der Klage die Geschäftsaufsicht nicht kannte oder diese noch nicht einmal angeordnet war. Dieses Ergebnis allein entspricht der Billigkeit. § 12 ist nicht einseitig zugunsten des Schuldners auszulegen. — Auch auf den Gesichtspunkt der „gewöhnlichen" objektiven Klagveranlassung (oben S. 45ff.) kann man das Ergebnis stützen. Nachdem der Schuldner den Gläubiger zunächst zur Einleitung des gerichtlichen Verfahrens zwang, steht es nicht mehr in der Macht des Gläubigers, den Gang des Verfahrens aufzuhalten. Da ihm bis zu seiner Kenntnisnahme von der Geschäftsaufsicht Kosten erwachsen sind, hat er ein berechtigtes Interesse an der Durchführung des Verfahrens, das auch der Entscheidung über die Erstattung dieser Kosten dient. Er kann sich insofern darauf berufen, daß er, da er die Klagzustellung nicht zu verhindern vermochte, auf Grund der objektiven Sachlage ein berechtigtes Interesse an der Durchführung des Rechtsstreits habe.[2]

Zum mindesten muß man dies gelten lassen, wenn der Schuldner dem Gläubiger die Anordnung oder das Bestehen der Geschäftsaufsicht früher, als es tatsächlich geschah, hätte mitteilen können. Sonst öffnet man der Chikane des Schuldners Tür und Tor.

---

[1] So die Meinung Cahns S. 122.

[2] Auf diesen Gesichtspunkt weist Jaeger in einem allerdings etwas anders gelagerten Fall hin LZ. 1919, 983.

Infolge des Mangels einer öffentlichen Bekanntmachung muß der Aufsichtsschuldner damit rechnen, daß die Gläubiger von der Geschäftsaufsicht keine Kenntnis erlangen. Es ist daher für ihn dringend geboten, die Geschäftsaufsicht allen Gläubigern — und zwar in erster Linie denen, die mit Klage gedroht haben — unverzüglich mitzuteilen. Zwar hat das Aufsichtsgericht den Gläubigern die Anordnung der Geschäftsaufsicht mitzuteilen (§ 22 Abs. 1). Aber diese Mitteilung des Gerichts kann sich verzögern oder infolge versehentlicher Auslassung im Gläubigerverzeichnis unterbleiben. Durch persönliche Mitteilung, mit der zweckmäßig die Erklärung der Anerkennung der Forderung zu verbinden ist, sichert sich der Schuldner überdies in doppelter Weise. Einmal raubt er dem Gläubiger die Möglichkeit der Berufung auf die Unkenntnis der Geschäftsaufsicht und erschwert ihm deren Beweis, und zum anderen raubt er durch das Anerkenntnis dem Gläubiger die Möglichkeit der Berufung auf die subjektive Klagveranlassung.[1]

Die Kenntnis des Gläubigers von der Geschäftsaufsicht hat nicht der Schuldner zu beweisen, sondern der Gläubiger hat sich auf seine Unkenntnis zu berufen und diese zu beweisen, da es sich um eine Ausnahme von der Regel der Kostenpflicht handelt.[2] — Treffend bemerkt Bovensiepen,[3] daß die Ansprüche hinsichtlich der Führung des Beweises verschieden hoch zu stellen sind. Die Persönlichkeit des Gläubigers, der Umfang seines Geschäftsbetriebs, seine geschäftlichen und gesellschaftlichen Beziehungen sind bei der Entscheidung in die Wagschale zu werfen. Im übrigen kommt es nur darauf an, ob der Gläubiger tatsächlich Kenntnis von der Geschäftsaufsicht hatte. Verschulden oder fahrlässiges Nichtkennen schaden ihm nicht.[4]

---

[1] Diese Mitteilung empfehlen Jaeger GA. S. 65 N. 46; Cahn S. 121 sub c1; Klien § 12 Anm. 1.

[2] S. oben S. 45 u. Bovensiepen § 12 Anm. 2; Jaeger GA. S. 66 u. JW. 1917, 918; Zweigert § 12 Anm. 5. S. dagegen Weismann I S. 124.

[3] § 12 Anm. 2.

[4] Insofern irreführend Cahn S. 122, der von „gutem Glauben" spricht. Guter Glaube aber ist nach dem Sprachgebrauch der Gesetze bei grober Fahrlässigkeit ausgeschlossen.

§ 5.

Klagveranlassung und Vergleichsverfahren.

Der § 12 gilt zufolge seiner Stellung in der Verordnung für das gesamte Geschäftsaufsichtsverfahren, mithin auch für das Vergleichsverfahren, das — soweit es überhaupt stattfindet — nur einen Ausschnitt des Geschäftsaufsichtsverfahrens darstellt.[1] Ob und inwieweit aber eine Klage auf Leistung während des Vergleichsverfahrens zulässig ist, bedarf der Prüfung.

Abgesehen von den Gläubigern, die überhaupt nicht von der Geschäftsaufsicht und somit auch nicht von dem Vergleichsverfahren betroffen werden (vgl. §§ 13, 33 Abs. 2 u. § 4), sind drei Arten von Gläubigern zu unterscheiden:

1. Aufsichtsgläubiger, die am Vergleichsverfahren nicht beteiligt sind (§ 33 Abs. 2 Nr. 1—5;[2] Nicht-Vergleichsgläubiger.

2. Aufsichtsgläubiger, die am Vergleichsverfahren beteiligt sind, eigentliche Vergleichsgläubiger.

3. Vergleichsgläubiger, die vom Zwangsvergleich nicht berührt werden (§ 60 Abs. 1 Satz 2), uneigentliche Vergleichsgläubiger.

I. Die Nicht-Vergleichsgläubiger.

Die am Vergleichsverfahren unbeteiligten Aufsichtsgläubiger (s. z. B. oben S. 18 Anm. 3) werden von dem Vergleichsverfahren in keiner Weise berührt. Für ihre Klagen auf Leistung gelten nach wie vor die in § 4 dieser Abhandlung dargestellten Grundsätze.

II. Die eigentlichen Vergleichsgläubiger.

Vergleichsgläubiger sind alle persönlichen Gläubiger, die einen vermögensrechtlichen Anspruch gegen den Schuldner haben, mit Ausnahme der in § 33 Abs. 2 genannten Gläubiger, also ein engerer Kreis der

---

[1] „Die allgemeine Geschäftsaufsicht bildet nur seine schützende Hülle." Jaeger GA. S. 74, LZ. 1917 S. 582. Das Vergleichsverfahren „kann" allerdings auch sogleich mit der GA. beantragt werden, Klimmer § 20 Anm. 1. Vgl. den Vorschlag der Ältesten der Berliner Kaufmannschaft LZ. 1917, 580 u. Jaeger ebenda S. 582.

[2] Besonderheit für die unter Nr. 3 u. 5 genannten Gläubiger in § 62.

Aufsichtsgläubiger. Da auch die Eröffnung des Vergleichsverfahrens nicht öffentlich bekanntgemacht wird, und eine Anmeldung der Forderungen nicht stattfindet, so hat der Schuldner seine Gläubiger anzugeben und zu diesem Zwecke bei Beantragung des Vergleichsverfahrens ein Gläubigerverzeichnis einzureichen (§ 41 Abs. 1 Nr. 3 i. Verb. m. § 20).[1] Aber auch die Aufsichtsperson wird für die Aufnahme eines vom Schuldner absichtlich oder versehentlich ausgelassenen Gläubigers, der ihr etwa aus den Büchern des Schuldners oder sonst bekannt ist, Sorge tragen und zum mindesten dem Aufsichtsgericht hiervon Mitteilung machen müssen (§§ 42 Abs. 1, 16). Schließlich muß es aber auch dem vom Schuldner übergangenen Gläubiger unbenommen sein, seine Aufnahme in das Gläubigerverzeichnis zu erwirken (§§ 18, 41 Abs. 2).[2] Durch die Aufnahme in das Gläubigerverzeichnis allein erlangt der Vergleichsgläubiger das Recht der Beteiligung am Vergleichsverfahren und wird er den Wirkungen des Zwangsvergleichs unterworfen. Im Gegensatz zu den unter III. genannten Vergleichsgläubigern seien diese Vergleichsgläubiger als „eigentliche" Vergleichsgläubiger bezeichnet.

Der eigentliche Vergleichsgläubiger kann nicht auf die Teilnahme am Vergleichsverfahreu verzichten, denn das Vergleichsverfahren dient der Sanierung des Schuldners und nicht, wie das Konkursverfahren, der Befriedigung der Gläubiger aus einer Masse. Die Forderung des eigentlichen Vergleichsgläubigers wird im Vergleichstermin erörtert. Sein Stimmrecht wird festgestellt. Wenn von keiner Seite Widerspruch erhoben wird, wird die Forderung als anerkannt im Gläubigerverzeichnis vermerkt (§ 47 Abs. 4) und dies auch, wenn er gegen die Eröffnung des Vergleichsverfahrens gestimmt und sich geflissentlich ferngehalten hat. Die Teilnahme des Vergleichsgläubigers am Vergleichsverfahren ist somit von seinem eigenen Willen völlig unabhängig. Daher enthält die Verordnung keine dem § 12 KO. entsprechende Vorschrift. Stimmt die Mehrheit für den Vergleich, so wirkt der Vergleich in jedem Falle für und gegen den eigentlichen Vergleichsgläubiger (§ 60 Abs. 1 Satz 1). Der rechtskräftig bestätigte Zwangsvergleich liefert ihm in Verbindung mit einem Auszug aus dem Gläubigerverzeichnis einen Vollstreckungstitel für seine darin als anerkannt vermerkte Forderung (§ 61).

---

[1] Jaeger GA. S. 91/92.

[2] Jaeger GA. S. 61, 98.

Bei dieser Sachlage muß die Erhebung der Leistungsklage mangels Rechtsschutzbedürfnisses unzulässig sein, wenn der Schuldner die Forderung als „unbestritten" (§ 20 Abs. 2 Satz 1) in das Gläubigerverzeichnis aufgenommen hat und sie tatsächlich nicht bestreitet. Die für den Konkurs streitige Frage, ob der Konkursgläubiger bei Verzicht auf Teilnahme am Konkursverfahren gegen den Gemeinschuldner auf Befriedigung nach Aufhebung des Konkurses klagen kann,[1] hat für das Vergleichsverfahren keine Bedeutung, da der eigentliche Vergleichsgläubiger auf die Teilnahme am Verfahren nicht verzichten kann. Wollte man neben dieser Teilnahme noch die Leistungsklage des Gläubigers gestatten, so würde eine Doppelverfolgung des Anspruchs vorliegen.[2] Es handelt sich zwar formell bei der Teilnahme am Vergleichsverfahren nicht um eine Geltendmachung der Forderung, da die Initiative in der Regel vom Schuldner ausgeht, aber tätsächlich liegt doch eine Verfolgung des Anspruchs vor. Die Forderung ist sozusagen in Streit befangen. Allerdings ist die Rechtslage insofern anders als im Konkursverfahren, als eine materiellrechtliche Feststellung der Forderung nicht stattfindet und der Anerkennungsvermerk daher nicht, wie die Feststellung des Konkursgläubigerrechts zur Konkurstabelle (§ 145 Abs. 2 KO.), Rechtskraft, sondern nur Vollstreckbarkeit wirkt, und auch dies nur im Falle rechtskräftiger Bestätigung des Zwangsvergleichs.[3] Man wird jedoch dem Umstande, daß der Gläubiger durch Klagerhebung einen der Rechtskraft fähigen Vollstreckungstitel erlangt, nicht entscheidende Bedeutung beilegen können. Ausschlaggebend ist vielmehr, daß das letzte Ziel der Anspruchsverfolgung — die Befriedigung — nicht eher nicht einfacher und nicht billiger als mit dem durch das Vergleichsverfahren in Aussicht gestellten Vollstreckungstitel erreicht werden kann.

---

[1] Die Frage wird entgegen der herrschenden Lehre von Jaeger KO. § 12 Anm. 6; Eccius GruchotsBeitr. 44, 777; Bley S. 45 und neuerdings wieder von Wolff § 12, Anm. 2 verneint.

[2] Die Doppelverfolgung des Anspruchs — im Konkurs und durch Sonderklage — wird auch dem Konkursgläubiger von der herrschenden Meinung verwehrt, s. vor allem Jaeger KO. § 12 Anm. 7 mit Verweisen; Voigt S. 144; Stein Vorauss. d. R. S. 62ff. (s. auch ZPO. § 240 I 2 u. N. 20), RG. 29, 74. A. M. u. a. Hellwig S. 229.

[3] Auf diesen Unterschied hat zuerst Jaeger — GA. S. 101, 117 — hingewiesen, ihm folgen Klimmer § 61 Anm. 4, Levis LZ. 19, 87. A. M. Cahn S. 255, 284.

Denn die Zwangsvollstreckung ist vor Beendigung der Geschäftsaufsicht unzulässig, und der Gläubiger kann auch mit der Klage nur Leistung nach Maßgabe des Zwangsvergleichs begehren. Dazu kommt, daß der Gläubiger unter Umständen in den Besitz zweier Vollstreckungstitel gelangt, und der Schuldner somit der Gefahr doppelter Zwangsvollstreckung ausgesetzt ist. Man könnte die Zulässigkeit der Leistungsklage höchstens damit begründen, daß die Aufnahme des Anspruchs in das Gläubigerverzeichnis und die Nichtbestreitung durch den Schuldner dem Gläubiger keineswegs eine Gewähr dafür biete, zu einem Vollstreckungstitel zu gelangen, da ja der Anerkennungsvermerk immer noch am Widerspruch des Schuldners oder der Aufsichtsperson oder eines anderen Gläubigers scheitern könne (§ 47 Abs. 4), und daß ferner der Schuldner oder die Aufsichtsperson die Erlangung des Doppeltitels durch Widerspruch gegen die eingeklagte Vergleichsforderung bei der Erörterung im Vergleichstermine hintertreiben könnten. Allein dem ist entgegenzuhalten, daß das Vergleichsverfahren ein beschleunigtes Verfahren ist, daß der in Kürze stattfindende Vergleichstermin (§ 44 Abs. 1) Klärung bringt, und daß es daher keine Zumutung für den Gläubiger bedeutet, das Ergebnis der Erörterung des Vergleichtermins abzuwarten. Soll schon im Geschäftsaufsichtsverfahren im allgemeinen die Behelligung des Schuldners mit Leistungsklagen möglichst vermieden werden, so gilt dies in erhöhtem Maße im Vergleichsverfahren. Denn dieses Verfahren dient dazu, den Schuldner mit seinen Gläubigern endgültig ins reine kommen zu lassen. Es ist daher unzweckmäßig und rechtlich nicht geboten, den Vergleichsgläubigern grundsätzlich zu gestatten, sich in diesem Stadium des Verfahrens — sei es auch auf eigene Kosten — einen anderen Vollstreckungstitel zu verschaffen.

Ist mangels eines Widerspruchs die Forderung des Vergleichsgläubigers im Gläubigerverzeichnis als anerkannt vermerkt worden, so steigert sich die Aussicht, einen Vollstreckungstitel im Rahmen des Zwangsvergleichs zu erlangen, zu einer gewissen Wahrscheinlichkeit und zu einer Anwartschaft. Man wird das Rechtsschutzbedürfnis des Gläubigers, auch wenn man es vor dem Vergleichstermin als vorliegend erachtet, in diesem Zeitpunkt unbedingt leugnen müssen. Man kann es insbesondere nicht daraus herleiten, daß es immer noch an der Gewißheit der Erlangung eines Vollstreckungstitels insofern fehlt, als der Vollstreckungstitel von dem Zustandekommen des Zwangsvergleichs und seiner gerichtlichen Bestätigung (§ 53) abhängt.[1] Der Gläubiger wird mit der Einklagung seiner Forderung auch hier warten müssen und warten können. Zu welchen Unzuträglichkeiten die Leistungsklage hier führen kann, erhellt besonders, wenn es sich um Forderungen handelt, die nicht auf einen Geldbetrag gerichtet sind. In diesem Falle wird die Berechtigung zur Teilnahme zu einem bestimmten Geldwert festgestellt (§ 66 VO. i. Verb. m. § 69 KO.). Handelt es sich nun z. B. um die Klage auf Abgabe einer Willenserklärung, so ist für die nach § 894 ZPO. eintretende Vollstreckungswirkung des rechtskräftigen Urteils im Falle der rechtskräftigen Bestätigung des Zwangsvergleichs überhaupt kein Raum mehr.

Kommt der Zwangsvergleich nicht zustande, oder wird er verworfen, so kommt es darauf an, ob das Vergleichsverfahren fortdauert oder mit der Geschäftsaufsicht aufgehoben wird (§ 58). Im ersteren Falle gelten die entwickelten Grundsätze, im letzteren Falle steht dem bisherigen Vergleichsgläubiger der Klageweg unbeschränkt offen.

Dagegen ist das Rechtsschutzbedürfnis des Gläubigers vorhanden, wenn der Schuldner die Forderung schon bei ihrer Angabe oder noch vor dem Vergleichstermin bestreitet. Auch in diesem Falle nimmt der eigentliche Vergleichsgläubiger am Verfahren teil und ist den Wirkungen des Zwangsvergleichs unterworfen, aber er hat nicht die Aussicht, zu einem Vollstreckungstitel zu gelangen. Er kann daher — ohne erst das Ergebnis des Vergleichstermins abwarten zu müssen[2] — die Klage auf Leistung nach Maßgabe des Zwangsvergleichs erheben. Er läuft hierbei, wenn der Schuldner im Prozeß sofort anerkennt, nicht das Kostenrisiko des § 12 Satz 1, da der Schuldner durch sein Bestreiten subjektive Klagveranlassung i. S. des § 12 Satz 2 und § 93 ZPO. gab.

Scheitert der Anerkennungsvermerk am Widerspruch des Schuldners im Vergleichstermin, so gilt das Gleiche.[3] Erkennt der Schuldner

[1] Im Ergebnis so auch Jaeger S. 67 u. N. 48, angedeutet auch JW. 1917 S. 162 Anmerkung.

[2] Die Möglichkeit, daß der Schuldner im Vergleichstermin nicht widerspricht und der Gläubiger die Anerkennung seiner Forderung und den Vollstreckungstitel erlangt, besteht, schaltet aber das Rechtsschutzbedürfnis nicht aus.

[3] Auch im Konkursverfahren ist hier Leistungsklage des Konkursgläubigers gegen den Gemeinschuldner statthaft, §§ 144 Abs. 2, 164 Abs. 2 KO.; Jaeger § 12 Anm. 6, § 144 Anm. 5.

dann im Prozeß sofort an, so trägt er die Kosten, da er durch seinen Widerspruch die Klage subjektiv veranlaßte.

Scheitert der Anerkennungsvermerk am Widerspruch der Aufsichtsperson oder eines anderen Gläubigers, so ist die Rechtslage nicht die gleiche wie im Konkursverfahren, wenn eine Konkursforderung im Prüfungstermin bestritten wird. Der Anmelder einer nichttitulierten Forderung wird — ungeachtet der Anerkennung durch den Gemeinschuldner — durch den Widerspruch von der konkursmäßigen Befriedigung ausgeschlossen (§§ 152, 155, 168 Nr. 1 KO.), wenn er nicht gemäß § 146 KO. Klage gegen den Bestreitenden erhebt. Im Vergleichsverfahren zur Abwendung des Konkurses aber hat der Widerspruch der Aufsichtsperson oder eines anderen Vergleichsgläubigers nur die Wirkung, daß der Gläubiger nicht stimmberechtigt ist und seine Forderung nicht als anerkannt im Gläubigerverzeichnis eingetragen wird. Die Befriedigung ist dem Vergleichsgläubiger damit nicht abgeschnitten. Da der Schuldner Herr seines Vermögens geblieben ist und eine quotenmäßige Aufteilung dieses Vermögens nicht stattfindet, steht es in seiner Macht, die nicht als anerkannt vermerkte Forderung im gleichen Umfange wie die übrigen Forderungen nach Maßgabe des Zwangsvergleichs zu befriedigen. Es ist bei dieser Sachlage für eine der Konkursfeststellungsklage analoge Feststellungsklage gegen den Widersprechenden mangels des in § 256 ZPO. erforderten Rechtsschutzbedürfnisses kein Raum.[1] — Der Vergleichsgläubiger kann indessen diese Befriedigung nicht erzwingen. Er müßte zu diesem Zwecke, wenn der Schuldner nicht freiwillig leistet, erst die Leistungsklage erheben.[2] Aber man wird dem Gläubiger in diesem Falle nicht zumuten können, abzuwarten, ob der Schuldner ihn befriedigt, oder sich zum mindesten bis zur Beendigung der Geschäftsaufsicht zu gedulden. Diese Beendigung braucht keineswegs in greifbare Nähe gerückt zu sein, und der Gläubiger kann schon verhältnismäßig frühzeitig die Gewißheit haben, daß ihm der Anerkennungsvermerk versagt bleibt (§ 52). Das Rechtsschutzbedürfnis liegt ganz allgemein vor, weil der Gläubiger im Vergleichsverfahren nicht zu einem Vollstreckungstitel gelangen wird. Entscheidet man anders, so wäre der eigentliche Vergleichsgläubiger schlechter gestellt als ein gewöhnlicher Aufsichtsgläubiger. Eine andere Frage ist,

[1] So Jaeger GA. S. 101.

[2] Jaeger a. a. O; Klimmer § 47 Anm. 4.

ob der Gläubiger eine Klagveranlassung hat. Dies bemißt sich nach § 12. Da der Schuldner durch sein Verhalten keine Veranlassung zur Klage gibt, wird der Gläubiger in der Regel die Kosten des Rechtsstreits tragen müssen, es sei denn, daß eine „besondere" objektive Klagveranlassung anzuerkennen ist.

III. Die uneigentlichen Vergleichsgläubiger.

Um einen Druck auf den Schuldner dahin auszuüben; daß er seine sämtlichen Gläubiger wahrheitsgemäß angibt, und um verschwiegene Gläubiger zu schützen, ist bestimmt, daß die Ansprüche der in den Gläubigerverzeichnissen nicht aufgeführten Gläubiger vom Zwangsvergleiche nicht berührt werden (§ 60 Abs. 1 Satz 2).[1] Diese Gläubiger zählen begrifflich zwar zu den Vergleichsgläubigern, haben aber weder mit dem Vergleichsverfahren noch mit dem Zwangsvergleich etwas zu tun und seien daher „uneigentliche" Vergleichsgläubiger genannt.

Die uneigentlichen Vergleichsgläubiger sind den Vergleichsfolgen unter allen Umständen entrückt, mag der Schuldner sie absichtlich oder unabsichtlich, verschuldet oder unverschuldet übergangen und mögen sie die Übergehung gekannt und Gelegenheit zur Teilnahme am Vergleichsverfahren gehabt haben.[2] Es liegt auf der Hand, daß diese uneigentlichen Vergleichsgläubiger ebenso wie am Vergleichsverfahren nicht beteiligte Aufsichtsgläubiger auf Leistung klagen können. § 12 findet Anwendung. Wenn der Schuldner den Gläubiger unabsichtlich und unverschuldet überging, so ist der Gläubiger nach Satz 1 kostenpflichtig. Kannte aber der Gläubiger das Aufsichtsverfahren nicht,[3] oder hatte er eine objektive Klagveranlassung, so bestimmt sich gemäß Satz 2 die Kostenpflicht nach den allgemeinen Regeln (§§ 91 ff. ZPO., s. oben § 4 III.)

[1] Diese Regelung soll den Mangel eines öffentlichen Gläubigeraufrufs ersetzen. Sie ist nicht glücklich, da sie eine Benachteiligung der übrigen Vergleichsgläubiger, aber auch Härten für den schuldlosen Schuldner zur Folge haben kann. S. Jaeger GA. S. 113, 114, LZ. 17, 583, ZZP. 47, 174; 48, 146; Levis LZ. 19, 140.

[2] Hier zeigt sich, wie bedenklich der Ersatz öffentlichen Gläubigeraufrufs ist; es bietet sich dem Vergleichsgläubiger (anders § 193 KO.) bei Zusammenwirken mit dem Schuldner die Möglichkeit, sich den Wirkungen des Zwangsvergleichs zu entziehen. Das Ärgste verhütet allerdings § 64 Abs. 1 Nr. 2. S. Jaeger GA. S. 113 u. in der Einleitung bei Klien S. 29|30.

[3] Unkenntnis des Vergleichsverfahrens allein reicht nicht aus. Michels, Recht 17, 71, will in diesem Falle den Gläubiger dem Zwangsvergleich unterstellen. A. M. Kallir GruchotBeitr. 61, 387.

Hatte der Schuldner absichtlich oder verschuldet den Gläubiger verschwiegen, so trägt er die Kosten, wenn der Gläubiger die Geschäftsaufsicht nicht kannte. Denn dann hat er subjektive Klagveranlassung insofern gegeben, als er die Benachrichtigung des Gläubigers unterband. Dies muß auch bei bloßer Unkenntnis des Vergleichsverfahrens gelten, denn der Schuldner ist infolge seines Verhaltens der Kostenwohltat des § 12 Satz 1 nicht würdig.

Der Fall, daß der Gläubiger auf Leistung klagt, obwohl ihn der Schuldner mit seinem Einverständnis nicht angab, wird kaum praktisch werden. Möglich ist er, z. B. bei Zwist. Da in diesem Falle der Gläubiger die Verschweigung kannte und Gelegenheit zur Beteiligung am Vergleichsverfahren hatte (s. oben S. 61), könnte man daran denken, den Gläubiger im Gläubigerverzeichnis nachzutragen, somit seine Beteiligung zu erzwingen und die Klage mangels Rechtsschutzbedürfnisses als unzulässig abzuweisen. So angebracht diese Entscheidung oft sein mag, so führt sie doch zu einer Begünstigung des Schuldners, die nicht gerechtfertigt ist. Auch kann der Gläubiger in diesem Falle zur Klage gedrängt worden sein, weil der Schuldner die Forderung nachträglich bestritten hat. In diesem Falle wären auch die Kosten dem Schuldner aufzuerlegen. Im übrigen wird der Gläubiger nach § 12 Satz 1 kostenpflichtig und es wird eine objektive Klagveranlassung nicht anzuerkennen sein.

In all den besprochenen Fällen hat die Klagerhebung des uneigentlichen Vergleichsgläubigers die notwendige Folge, daß die Forderung dem Schuldner und der Aufsichtsperson bekannt wird, und daß der Gläubiger von der Geschäftsaufsicht — und regelmäßig wohl auch von dem Vergleichsverfahren — Kenntnis erlangt. Hiermit erwächst dem Schuldner, soweit er die Forderung versehentlich überging, und in allen Fällen der Aufsichtsperson die Pflicht, dem Gläubiger aber das Recht, seine nachträgliche Aufnahme in das Gläubigerverzeichnis vorzunehmen bzw. zu erwirken. Mit der Aufnahme aber wird der uneigentliche Vergleichsgläubiger zum eigentlichen Vergleichsgläubiger. Er ist bei der Abstimmung zu berücksichtigen, ist den Wirkungen des Zwangsvergleichs unterworfen und erlangt — wenn seine Forderung im Vergleichstermine anerkannt wird — den Vollstreckungstitel nach Maßgabe des § 61. Hiermit aber wird die erhobene Klage nicht mangels Rechtsschutzbedürfnisses unzulässig. Das Rechtsschutzinteresse des Gläubigers ist um deswillen vorhanden, weil die Klage nun einmal erhoben ist, die Teilnahme am Vergleichsverfahren keinen vollwertigen Urteilsersatz liefert (s. oben S. 62) und die Erlangung eines Vollstreckungstitels durch das Vergleichsverfahren überhaupt noch ungewiß ist.[1] Es wäre widersinnig, die Klage abzuweisen, während sie in Kürze unter Umständen wieder erhoben werden müßte. Die Rechtslage ist hier anders, als wenn der eigentliche Vergleichsgläubiger auf Leistung klagt. Der Gefahr der Erlangung eines Doppeltitels können Schuldner oder Aufsichtsperson dadurch ohne weiteres begegnen, daß sie im Vergleichstermin der eingeklagten Forderung die Anerkennung versagen.

Von der Aufnahme der Forderung in das Gläubigerverzeichnis kann, wenn sie noch vor dem Vergleichstermin bekannt geworden ist, nicht abgesehen werden. Diese Aufnahme kann im Interesse des redlichen Gläubigers oder des redlichen Schuldners liegen, dient aber auch den Interessen der übrigen Vergleichsgläubiger und entspricht dem auch im Vergleichsverfahren zur Abwendung des Konkurses geltenden Grundsatz der par condicio creditorum.[2] Soweit der Vergleichstermin schon stattgefunden hat, muß das Bekanntwerden der Forderung zur Verwerfung des Zwangsvergleichs führen (§ 54 Nr. 1, 2, 4, 5).[3]

§ 6.

Die künftige Regelung.

I. „Das ist das beste Konkursgesetz, das den Konkurs verhütet. Zur Verhütung bedarf es aber eines Gesetzes, weil nur das Gesetz den Zwang gegenüber einer widerstrebenden Minderheit ermöglicht.“[4] Diese Erkenntnis ist Gemeingut geworden und zugleich mit ihr die Erkenntnis der großen rechtlichen und wirtschaftlichen Bedeutung des konkursverhütenden Zwangsvergleichs. Er muß aus der großen Flut

---

[1] Natürlich kann der Gläubiger als nunmehriger eigentlicher Vergleichsgläubiger, der vom Zwangsvergleich betroffen wird, nur noch Leistung im Rahmen des Vergleichs begehren.

[2] Ausnahmen von diesem Grundsatz s. § 34 Satz 2 und dazu Jaeger GA. S. 62, 96f. u. Kallir GruchotsBeitr. 61, 378f.

[3] Unter Umständen kann jeder beteiligte Gläubiger das Anfechtungsrecht des § 64 ausüben.

[4] Jaeger LZ 1916, 118.

der Kriegsgesetze und Kriegsverordnungen als kostbares Strandgut geborgen werden. Das Reichsjustizamt „soll" sich denn auch mit dieser Aufgabe bereits beschäftigen und die durch den Krieg unterbrochene Bearbeitung eines Gesetzentwurfs über den Zwangsvergleich außerhalb des Konkurses wieder aufgenommen haben.[1] An wertvollen Anregungen und Ratschlägen zur Regelung und Ausgestaltung des Verfahrens fehlt es nicht.[2] In der österreichischen Ausgleichsordnung vom 10. Dezember 1914 und in der ungarischen Ausgleichsordnung vom 16. November 1915 hat der deutsche Gesetzgeber treffliche Vorbilder.[3]

Was die Benennung anlangt, so sind von Jaeger[4] die österreichischen Bezeichnungen „Ausgleich", „Ausgleichsordnung", „Ausgleichsverfahren" usw. — die bereits vielfach angewendet werden — empfohlen worden. Allein im Hinblick auf das Reichsausgleichsgesetz vom 24. April 1920 (RGBl. S. 597 ff.), das gleichfalls ein „Ausgleichsverfahren" kennt (§§ 9—43) dürften die von Schourp[5] vorgeschlagenen Bezeichnungen „Vergleich", „Vergleichsordnung", „Vergleichsverfahren" usw., die außerdem für den Laien klarer sind, angebrachter sein.

II. Im übrigen ist das Gerüst zum Aufbau des neuen Gesetzes mit dem Vergleichsverfahren der geltenden Aufsichtsverordnung und dem Zwangsvergleichsverfahren der Konkursordnung gegeben. Die unglückliche Verbindung des Zwangsvergleichs mit der Geschäftsaufsicht muß gelöst werden.[6] Das Vergleichsverfahren ist nach dem Vorgange

---

[1] Schon im Februar 1913 hatte der Reichstag einen Antrag des Zentrums angenommen, die verbündeten Regierungen um Vorlage eines Gesetzentwurfs über den Zwangsvergleich außerhalb des Konkurses zu ersuchen. S. amtl. Begründung Einl. Abs. 5, Jaeger GA. S. 8, Kallir GruchotsBeitr. Bd. 61 S. 410.

[2] S. vor allem Jaeger LZ. 1916, 117ff., LZ. 1917. 580ff., ZZP. 48, 145ff.; Bondi JW. 1916; 1075ff. Levis LZ. 1919, 86ff., 136ff., 182ff. und die Diss. von Schourp.

[3] S. über die österreichische Ausgleichsordnung: Bendix Gruchots-Beitr. 60, 220ff.; Bovensiepen JW. 1915, 1150ff.; Cahn JW. 1916, 697ff., 783ff., 889ff.; Freiesleben JW. 1915, 1152; Jaeger LZ. 1916, 105ff. — S. über die ungarische Ausgleichsordnung: Besonders Bendix Gruchots-Beitr. 60, 721ff. und Jaeger JW. 1916, 701ff. 786ff.

[4] LZ. 1916, 120.

[5] Diss. S. 14.

[6] Jaeger GA. S. 12 N. 15; Hachenburg LZ. 1918, 69.

Österreichs und Ungarns selbständig zu regeln. Das Geschäftsaufsichtsverfahren als solches ist dabei überhaupt entbehrlich. In seiner ursprünglichen Gestalt erstrebte es die Rettung des Schuldners und die allmähliche, gleichmäßige Vollbefriedigung der Gläubiger. Ersteres ist auch der Zweck des Vergleichsverfahrens; letzteres ist ein Ideal, das freilich nur selten erreicht werden kann. Regelmäßig mündet das Geschäftsaufsichtsverfahren in einen Güteausgleich oder den Zwangsvergleich aus. De lege lata kann die Geschäftsaufsicht auch schon lediglich zu dem Zwecke des Abschlusses eines Übereinkommens mit den Gläubigern erwirkt werden (§ 1 Abs. 2, s. auch oben S. 60 Anm. 1.). — Das Geschäftsaufsichtsverfahren kann somit getrost in dem Vergleichsverfahren aufgehen. Dieses muß freilich jedem würdigen Schuldner,[1] der in ernste Zahlungsschwierigkeiten geraten ist, offenstehen,[2] und der Vergleich darf nicht nur Erlaß und Stundung zum Inhalt haben, vielmehr muß auch Übertragung des Vermögens an einen Treuhänder zwecks allmählicher Befriedigung der Gläubiger,[3] Umwandlung des Unternehmens des Schuldners in eine Gläubigergesellschaft, überhaupt jede Schuldenbereinigung, die nicht gegen ein gesetzliches Verbot oder gegen die guten Sitten verstößt,[4] zulässig sein. Natürlich ist der Schuldner während des Vergleichsverfahrens der Aufsicht eines Vergleichsführers zu unterstellen.

Das Verfahren muß öffentlich sein. Nur so wird man den Interessen der Gläubiger, aber auch dem wohlverstandenen Interesse des Schuldners, voll gerecht. Die Gründe, die wieder und wieder für die Öffentlichkeit vorgebracht wurden, überwiegen die Gegengründe.[5] Die Heimlichkeit des Verfahrens hätte nur dann den von den Gegnern be-

[1] Vgl. Kallir GruchotsBeitr. 61, 405ff.

[2] Jaeger LZ. 1919, 979.

[3] Jaeger GA. S. 95, JW. 1918, 289; Hachenburg LZ. 1918, 69; Kallir GruchotsBeitr. 61, 377.

[4] Jaeger JW. 1916, 788, LZ. 1916, 125; Cahn S. 224f.; Levis LZ. 19, 182; Schourp S. 98.

[5] Für Öffentlichkeit: Vor allem Jaeger DJZ. 1905, 155ff., GA. S. 15, 114, LZ. 1916, 122, LZ 1917, 582, ZZP. 47, 173/174; 48, 146, 150; Henschel DJZ. 1917, 193, 509; Klien § 18 Anm. 1; Klug S. 43ff.; v. Rechfelden JW. 1915, 834; Gläubiger-Schutzverband für Industrie, Handel und Gewerbe e. V. Leipzig, Jahresbericht 1917 S. 5. Vgl. auch Österr. Ausgleichsordnung §§ 4—6, 55 Abs. 2, 56 Abs. 4 und Ung. Ausgleichsordnung §§ 10—13, 55, 57.

Gegen Öffentlichkeit: Bovensiepen S. 12ff.; Buhmann JW. 1917 haupteten Vorzug, wenn sie völlig gewahrt werden könnte. Aber die Einleitung des Vergleichsverfahrens wird und muß durchsickern. Dafür sorgen die Gläubiger selbst, die Gläubigerschutzverbände, die öffentlichen Gerichtsverhandlungen, in denen das schwebende Vergleichsverfahren zur Sprache gebracht werden muß. Diese Art der Kenntnisnahme aber schadet dem Schuldner und seinem Kredit mehr, als wenn er öffentlich seine schwierige Lage und zugleich seine Zuversicht, durch das gerichtlich gebilligte Vergleichsverfahren darüber hinwegzukommen, zu erkennen gibt.

Im Gegensatz zu dem Vergleichsverfahren der Geschäftsaufsicht, aber in Übereinstimmung mit dem Konkursverfahren ist ein gerichtliches Anmeldungs- und Prüfungsverfahren geboten. Die Gläubiger sind in dem bekanntzumachenden Eröffnungsbeschluß aufzufordern, ihre Forderungen bei dem Vergleichsgericht anzumelden. Dieses hat sie in eine Vergleichsliste einzutragen. Als Druckmittel ist dem Gläubiger Ausschluß von der Mitwirkung im Vergleichsverfahren bei Nichtanmeldung anzudrohen. In jedem Falle müssen alle persönlichen Gläubiger, die einen zur Zeit der Eröffnung des Verfahrens begründeten Vermögensanspruch gegen den Schuldner haben, den Wirkungen des Vergleichs unterworfen werden, mögen sie nun ihre Forderungen anmelden oder mögen sie lediglich vom Schuldner angegeben werden oder mag keines von beiden der Fall sein.

Die angemeldeten oder vom Schuldner angegebenen Forderungen sind in einem baldigen Termine zu prüfen. Hierbei ist nicht nur über das Stimmrecht, sondern auch über den materiellrechtlichen Bestand der Forderungen zu entscheiden. Soweit weder vom Schuldner noch vom Vergleichsführer noch von einem Vergleichsgläubiger Widerspruch erhoben wird, hat die Forderung als festgestellt zu gelten, mit der Wirkung, daß der rechtskräftig bestätigte Vergleich in Verbindung mit dieser Feststellung einen Vollstreckungstitel für die Forderung liefert (vgl. §§ 144 Abs. 1, 194 KO.). Außerdem ist der Feststellung zur Vergleichsliste durch positive Vorschrift die Wirkung eines rechtskräftigen Urteils beizulegen (vgl. § 145 Abs. 2 KO.). Wenn der Vergleich nicht

S. 425ff.; Cahn S. 168; Schourp S. 37; Weill S. 13; Zweigert S. 12, 16; amtl. Begründung Einl. Abs. 8; Ausschuß für bürgerliches und Handelsrecht des deutschen Anwaltvereins JW. 1916, 1076. Einen Mittelweg schlägt Kallir vor; s. GruchotsBeitr. 61, 403ff.

zustande kommt, muß aus der Feststellung zur Vergleichsliste die Zwangsvollstreckung gegen den Schuldner betrieben werden können. Im etwa nachfolgenden Konkursverfahren würde die mit der Vollstreckungsklausel versehene Ausfertigung der Eintragung in die Vergleichsliste einen titulierten Anspruch i. S. des § 146 Abs. 6 KO. bilden.

Die Anmeldung der Forderung zur Vergleichsliste muß die Unterbrechung der Anspruchsverjährung zur Folge haben (vgl. § 209 Abs. 2 Nr. 2 BGB.).

III. Wählt das künftige Gesetz diese Regelung, so ist für eine dem § 12 der geltenden Aufsichtsverordnung entsprechende Vorschrift kein Raum. Die Leistungsklage des Vergleichsgläubigers gegen den Schuldner ist vielmehr mangels Rechtsschutzbedürfnisses schlechthin unzulässig. Die bei Eröffnung des Vergleichsverfahrens schwebenden Prozesse müssen unterbrochen werden. Der § 240 ZPO. ist dementsprechend zu erweitern.[1] Bestreitet der Schuldner vor oder in dem Prüfungstermine die Forderung, so ist freilich die Klage gegen den Schuldner oder Aufnahme des schwebenden Rechtsstreits zu gestatten (vgl. auch § 144 Abs. 2 KO.). Bestreitet der Vergleichsführer oder ein anderer Vergleichsgläubiger die Forderung im Prüfungstermine, so ist — falls der Schuldner anerkennt — für eine Feststellungsklage gegen die Bestreitenden kein Raum (anders § 146 KO.). Dem Gläubiger ist zwar die Titelerlangung im Vergleichsverfahren abgeschnitten, aber damit im Gegensatz zum Konkurs nicht die Möglichkeit der Befriedigung durch den Schuldner in den Grenzen des Vergleichs. Erst wenn der Schuldner nicht leistet, ist Klage gegen ihn notwendig. Dies kann unter Umständen auch schon vor Beendigung des Vergleichsverfahrens der Fall sein; insbesondere wird man dem Gläubiger das Recht einräumen müssen, vom Schuldner eine förmliche Anerkennung zu verlangen. Die Frage der Klagveranlassung wäre nach § 93 ZPO. zu beurteilen. — Für die Feststellung bestrittener Forderungen liegt jedenfalls kein Bedürfnis vor; sie würde mit dem Zweck des Vergleichsverfahrens nicht vereinbar sein und dieses unnötig verzögern.

Die im Konkursverfahren gegebene Möglichkeit, sich der Teilnahme zu entziehen, muß nach Zweck und Ziel des Vergleichsverfahrens als ausgeschlossen gelten. Meldet der Gläubiger nicht an, so muß

---

[1] Ebenso Jaeger LZ. 1916, 122; Schourp S. 90.

schon die Angabe des Schuldners genügen, um den Gläubiger zum Vergleichsteilnehmer zu stempeln. Mit Ausnahme des Falles der Bestreitung durch den Schuldner ist daher eine Rechtsverfolgung außerhalb des Vergleichsverfahrens nicht zuzulassen. Der klagende Gläubiger wäre stets auf Teilnahme am Vergleichsverfahren zu verweisen. Mit Rücksicht auf die im Konkursrecht streitige Frage[1] würde es sehr zu begrüßen sein, wenn das neue Gesetz positiv bestimmte, daß Leistungsklagen der Vergleichsgläubiger gegen den Schuldner, falls er den Anspruch nicht bestreitet, unzulässig sind.

Die österreichische Ausgleichsordnung hat eine andere Regelung gewählt. Sie kennt einen öffentlichen Aufruf der Gläubiger (§ 4 Abs. 2 Nr. 6), aber keine gerichtliche Liste und kein Prüfungs- und Feststellungsverfahren. Die Rechtswirkung des gerichtlich bestätigten Ausgleichs erschöpft sich in der Befreiung des Schuldners von der Verbindlichkeit, seinen Gläubigern den Ausfall, den sie erleiden, nachträglich zu ersetzen oder für die ihm sonst gewährte Begünstigung nachträglich aufzukommen, gleichviel ob die Gläubiger am Verfahren oder an der Abstimmung über den Ausgleich teilgenommen oder gegen den Ausgleich gestimmt haben (§ 53 Abs. 1).[2] Die Gläubiger erlangen somit im Ausgleichsverfahren keinen Vollstreckungstitel. Infolgedessen müssen sie unter Umständen die Vergleichsrate noch gegen den säumigen oder widerspenstigen Schuldner einklagen, und es muß ihnen auch schon während des Ausgleichsverfahrens der Klageweg offen stehen.[3] Folgerichtig wird durch die Anmeldung ein über die Forderung schwebender Rechtsstreit nicht unterbrochen.

Diese Regelung ist nicht nachahmenswert. Sie ist umständlich und gegenüber den Gläubigern unbillig. In Ungarn hat man dies erkannt, und die ungarische Ausgleichsordnung enthält hier eine Verbesserung. Nach § 62 ist auf Grund einer Ausfertigung des rechtskräftig bestätigten Ausgleichs und eines Auszugs aus der Tabelle wegen der vom Schuldner nicht bestrittenen Forderungen die Zwangsvollstreckung zulässig, allerdings nicht gegen die Ausgleichs-

---

[1] S. oben S. 62 Anm. 1 und S. 13 Anm. 1.

[2] S. hierzu Bendix GruchotsBeitr. 60, S. 250: Cahn JW. 1916, 889; Jaeger GA. S. 116, 117, LZ. 1916, 121; Schourp S. 89 u. 106.

[3] S. jedoch Jaeger LZ. 1916, 121, der darauf hinweist, daß die übliche Ausgleichsstundung der Klage hemmend entgegenstehe.

garanten.[1] Ein gerichtliches Prüfungsverfahren findet nicht statt. Die tabellarische Feststellung der Nichtbestreitung durch den Schuldner löst die Vollstreckbarkeit aus.[2]

Die Vollstreckbarkeit darf indessen nicht lediglich Folge des Nichtbestreitens sein, sondern sie muß — wie ausgeführt — auf der richterlichen Feststellung beruhen. Der Vollstreckungstitel darf nicht nur für die Forderung gegen den Schuldner, sondern er muß auch für die Ansprüche gegen etwaige Vergleichsbürgen gegeben werden. An diesem von Jaeger vorgeschlagenen[3] und auch in § 61 der geltenden Verordnung ausgesprochenen Grundsatz muß festgehalten werden (vgl. auch § 194 KO.).

Im übrigen bieten die Konkursordnung und die geltende Aufsichtsordnung die Grundlagen für ein Gesetz, das die schwierige Materie meistert, die ausländischen Gesetze überflügelt und den Bedürfnissen des Wirtschaftslebens völlig gerecht wird. Der Gesetzgeber wird vor allem darauf bedacht sein müssen, ausreichende Garantien zum Schutze der Gläubiger zu schaffen und dem Mißbrauch der segensreichen Einrichtung durch gewissenlose oder leichtsinnige Schuldner den Boden zu entziehen.

---

[1] Jaeger JW. 1916, 786; Bendix GruchotsBeitr. 60, 733, 762.

[2] Jaeger JW. 1916, 788; Bendix a. a. O. S. 763.

[3] Jaeger GA. S. 117, LZ. 1916, 121; s. auch Schourp, Vorschlag 53a, S. 105.

FSC
www.fsc.org
MIX
Papier | Fördert
gute Waldnutzung
FSC® C083411

Kolibri 360 GmbH
Ferdinand-Jühlke-Straße 7
99095 Erfurt, Deutschland
produktsicherheit@kolibri360.de